Cornelius Hartz

55½ Orte rund um die Reeperbahn, die man gesehen haben muss

emons:

Bibliografische Information der Deutschen Nationalbibliothek
Die Deutsche Nationalbibliothek verzeichnet diese Publikation
in der Deutschen Nationalbibliografie; detaillierte bibliografische
Daten sind im Internet über http://dnb.d-nb.de abrufbar.

© Emons Verlag GmbH
Alle Rechte vorbehalten
© der Fotografien: siehe Fotonachweis Seite 144
Layout: Eva Kraskes, nach einem Konzept
von Lübbeke | Naumann | Thoben
Kartografie: altancicek.design, www.altancicek.de
Kartenbasisinformationen aus Openstreetmap,
© OpenStreetMap-Mitwirkende, ODbL
Druck und Bindung: B.O.S.S Medien GmbH, Goch
Printed in Germany 2015
ISBN 978-3-95451-734-3
Originalausgabe

Unser Newsletter informiert Sie
regelmäßig über Neues von emons:
Kostenlos bestellen unter
www.emons-verlag.de

Vorwort

Die »sündigste Meile der Welt« nennt man die Reeperbahn, und die Hamburger nehmen diesen Superlativ gerne und ganz großzügig in Kauf. Die Straße selbst entstand in ihrer heutigen Form im 18. Jahrhundert. Zwar wird bereits Ende des 14. Jahrhunderts in Hamburger Chroniken eine gleichnamige Straße erwähnt, doch die dürfte sich weiter westlich befunden haben. Auch wenn die Reeperbahn nicht direkt am Hafen liegt, waren hier doch zahlreiche »Reeper« angesiedelt, die in teilweise mehrere hundert Meter langen Hallen Taue und Seile drehten. Wenn Schiffe den Hafen anliefen, mussten regelmäßig die Schiffstaue erneuert werden, und dazu ging es dann auf die Reeperbahn. Kein Wunder, dass sich hier mit der Zeit auch die »leichten Mädchen« ansiedelten, die den Matrosen die Zeit vertrieben. Sex gibt es auf der Reeperbahn noch immer, Seeleute kaum noch. Was die Hamburger betrifft, so ist der Kiez heute weniger das Ziel von Puff- als von Konzertgängern und Tanzwütigen: Nirgendwo ist die Clubdichte so hoch wie hier, von Techno bis zu Schunkelschlagern ist für jeden etwas dabei. Apropos Musik: Man kann ihnen kaum entgehen auf der (und rund um die) Reeperbahn – den Beatles. Hier begann ihre Karriere, und natürlich werden wir in diesem Buch immer wieder auf die – anfangs noch fünf – Liverpooler stoßen. Und auf Matrosen, Luden, Geschäftemacher und Kulturschaffende. Denn auf St. Pauli war schon immer für alle Platz.

55 ½ Orte

1 — Die älteste Tätowierstube in Deutschland
   Tinte mit Tradition | 8
2 — Der Beatles-Platz
   John, Paul, George, X und Y | 10
3 — Bei der Erholung
   Flanieren mit Panoramablick | 12
4 — Das Bismarck-Denkmal
   Das Reichskanzlerstandbild der Superlative | 14
5 — Das B-Movie
   Das Wohnzimmer unter den Hamburger Kinos | 16
6 — Die Boutique Bizarre
   Erotik in Stahl und Glas | 18
7 — Das Clubheim des FC St. Pauli
   Nicht live dabei und doch ganz nah dran | 20
8 — Das Cuneo
   Eine echte Gastro-Dynastie | 22
9 — Die Davidwache
   Die Ikone unter den Polizeidienststellen | 24
10 — Das Dollhouse
   Hochglanzstrip im Sündenpfuhl | 26
11 — Das ehemalige Bambi-Kino
   Die Legende vom brennenden Pariser | 28
12 — Das ehemalige Top Ten
   Beat und Bandenkriege | 30
13 — Die Eislaufbahn in den Wallanlagen
   Fette Beats und kalte Füße | 32
14 — Das Erotic Art Museum
   Nichts als Schweinkram | 34
15 — Das Gartendeck
   Urbane Landwirtschaft zum Mitmachen | 36

16 — Die Gedenktafel für den Star-Club
Was von der Legende übrig blieb | 38

17 — Der Golden Pudel Club
Speerspitze des Undergrounds | 40

18 — Das Gretel & Alfons
Ein Bier, ein Schnaps, ein Schlager | 42

19 — Die Große Freiheit 36
Party- und Konzertzentrale | 44

20 — Der Hamburger Berg
Die Studentenfete, die nie zu Ende geht | 46

21 — Der Hamburger Dom
Halligalli mit dem Segen des Erzbischofs | 48

22 — Das Hamburger Schulmuseum
Mit Rohrstock und Botanisiertrommel | 50

23 — Der Hans-Albers-Platz
Ein Denkmal für den blonden Hans | 52

24 — Die Herbertstraße
Sichtschutz aus der Nazizeit | 54

25 — Das Herrenklo im Empire Riverside Hotel
Der schönste Blick über den Hafen | 56

26 — Das Imperial Theater
Die kriminellste Bühne der Stadt | 58

27 — Das Indra
Mach Schau! | 60

28 — Der Kaiserkeller
Twist and Shout | 62

29 — Die Kersten-Miles-Brücke
Kunst am und unterm Bau | 64

30 — Das Lucullus
Wurst und Bier und Leutegucken | 66

31 — Der Michel
Das ewige Wahrzeichen | 68

32 — Der Mojo Club
Stimmung im Keller | 70

33 — Das Molotow
Laute Livemusik im Exil | 72

34 — Der Nachtmarkt
Wochenmarkt mal anders | 74

35 — Der Nobiskrug
Ein gepflegtes Pils – wie früher | 76

36 — Der Nochtspeicher
Kulturinsel im Kommerzmeer | 78

37 — Das Operettenhaus
Symbol und Ursache des Wandels | 80

38 — Der Park Fiction
Stadtverschönerung als Gemeinschaftsaufgabe | 82

39 — Die Pizzeria Alt Hamburg
Anstellen lohnt sich | 84

40 — Der portugiesisch-jüdische Friedhof
Parkjuwel mit Geschichte | 86

41 — Die Prinzenbar
Stuck und Plüsch und Livemusik | 88

42 — Das Pulverfass
Dragqueens und Menstrip | 90

43 — Das Schmidt Theater
Ein moderner Klassiker | 92

44 — Schuh Messmer
Wo der schöne Mischa seine Stiefel kaufte | 94

45 — Die St.-Josephs-Kirche
Der Katholiken große Freiheit | 96

46 — Die St.-Pauli-Kirche
Lampedusa in Hamburg | 98

47 — Das St. Pauli Museum
Aus Geschichten wird Geschichte | 100

48 — Das St. Pauli Theater
Eine Bühne mit Geschichte | 102

49 — Strips & Stories
Das Graphic-Novel-Paradies | 104

50 — Die Tanzenden Türme
Die X-Beine vom Kiez | 106

51 — Die Volxküche
Staatlich anerkannter Unruheherd | 108

52 — Die Washington Bar
Von Freddy Quinn zu den Ramones | 110

53 — Das Wohnhaus von Woo Lie Kien
Gedenken an ein Nazi-Opfer | 112

54 — Die Zuckermonarchie
Frischer Wind am Torten-Tresen | 114

55 — Zur Ritze
Treffpunkt der Halbwelt | 116

55½ — Der Udo-Lindenberg-Stern
Hut ab! | 118

Weitere Clubs
Tanzen von 8 bis 8 | 123

Weitere Kneipen
Nicht lang schnacken … | 124

Weitere Restaurants
Abseits vom Labskaus | 127

Weitere Geschäfte
Kunst und Kommerz | 128

Fakten rund um die Reeperbahn
Hin und weg und drumherum | 135

1_ Die älteste Tätowierstube in Deutschland
Tinte mit Tradition

In längst vergangener Zeit waren St. Pauli und die Reeperbahn Anlaufstelle Nummer 1 für unzählige Seemänner auf Landgang. Und zu jener Zeit gehörte die Tätowierung zum Seemann wie die Mütze zum Kapitän. Die Klassiker: der Anker und das Herz mit dem Schriftzug »Mutter«. Wo sonst also sollte die »älteste Tätowierstube in Deutschland« (so auch der Firmenname) stehen, wenn nicht auf dem Hamburger Kiez?

Heute ist das »Tattoo« in der Mitte der Gesellschaft angekommen. Das war noch längst nicht der Fall, als Paul Holzhaus im Jahr 1946 in der Seilerstraße, einen Steinwurf von der Reeperbahn entfernt, sein Tätowierstudio eröffnete. Fünf Jahre später zog er um, nur um eine Ecke, auf den Hamburger Berg. Und da steht sein Studio heute noch.

International bekannt wurde der Laden unter neuer Leitung in den 60er Jahren, als Herbert Hoffmann das Ruder übernahm, der schon zu Lebzeiten zu einer Legende der Tattoo-Szene wurde. Immerhin gab es noch Mitte der 70er Jahre kaum mehr als ein Dutzend hauptamtliche Tätowierer in ganz Deutschland. Doch Hoffmann, der bis ins hohe Alter aktiv tätowierte, war auch ein begeisterter Fotograf, der seine besten Motive und ihre Träger regelmäßig fotografierte und eine Sammlung von mehreren 1.000 Fotos hinterließ. Daneben setzte er sich unermüdlich für die gesellschaftliche Akzeptanz von Tattoos ein, und als er im Jahr 2010 im Alter von 90 Jahren starb, war dieses Ziel sicherlich erreicht.

Adresse Hamburger Berg 8 | **ÖPNV** S1/S3, Haltestelle Reeperbahn | **Öffnungszeiten** Mo–Sa 12–19 Uhr | **Tipp** Wer nach dem Stechen eine Stärkung braucht – schräg gegenüber gibt es im winzig kleinen »Kampai« das beste Sushi auf dem Kiez.

2 — Der Beatles-Platz
John, Paul, George, X und Y

Als sich 2010 der erste Auftritt der Beatles in Hamburg zum 50. Mal jährte, tat der Hamburger Senat – nichts. Und auch die Entstehung des nach den Liverpoolern benannten Platzes am südlichen Ende der Großen Freiheit, ein paar Jahre zuvor, ging nicht auf die Stadt zurück: Dafür sorgte der private Radiosender »Oldie 95« (heute: »Hamburg Zwei«). Ab 2005 wurden Spenden gesammelt, Sponsoren aufgetan, und schließlich steuerte auch die Stadt Hamburg einen Teil bei. 2008 wurde der Platz, nach ein paar Jahren der Planung, endlich gebaut.

Was viele Besucher übersehen, ist, dass der Grundriss des Beatles-Platzes einer Vinyl-Schallplatte gleicht, bei der in ein paar metallenen »Rillen« die Titel von Beatles-Songs eingraviert sind. Nicht zu übersehen sind indes die Beatles. Hier entschieden sich die Architekten für Metallskulpturen, die nur die Silhouette der Musiker (mit ihren Instrumenten) darstellen. So gelang es ihnen, ein Dilemma zu umgehen: das des Schlagzeugers. Denn ursprünglich hatte Pete Best an den Drums gesessen, später dann Ringo Starr. Die Silhouette des Schlagzeugers verrät uns jedoch nicht, wer von beiden hier dargestellt ist.

Außerdem waren die Beatles in ihrer ersten Zeit in Hamburg zu fünft – Stuart Sutcliffe war mit dabei. Und hier gab es eine weitere clevere Lösung: Der fünfte Beatle steht ein wenig abseits, und wer sich nicht so gut mit der Geschichte der Beatles auskennt, ist zunächst überrascht und wird im besten Fall dazu gebracht, sich eingehender zu informieren.

Adresse Beatles-Platz | ÖPNV S1/S3, Haltestelle Reeperbahn | Tipp
Alles über die Beatles in Hamburg erfährt man auf »Hempels Beatles-
Tour«, samstags um 18 Uhr ab U-Bahnhof Feldstraße (März–November).

3 — Bei der Erholung
Flanieren mit Panoramablick

Am besten kommt man hierher von den St.-Pauli-Landungsbrücken über die Treppe in Richtung Hotel Hafen Hamburg. Es ist ein kleiner Aufstieg, aber er lohnt sich – die erst 2004 komplett sanierte 600 Meter lange Promenade »Bei der Erholung« bietet einen schönen Ausblick auf den Nordrand des Hamburger Hafens und die Landungsbrücken. Der Fußweg unterhalb des Tropeninstituts und des Bundesamts für Seeschifffahrt und Hydrographie verfügt über mehrere Aussichtsterrassen, auf denen man sich auf einer Bank niederlassen kann, um das Panorama anzusehen. Hier versteht man, warum so viele Hamburger finden, dass der Hafen das Schönste an ihrer Stadt ist. Besonders schön ist ein kleiner Platz am östlichen Ende der Promenade, der einem Schiffsdeck nachempfunden ist – komplett mit Holzbohlen, Mast und Takelage.

Natürlich gab es den Fußweg schon viel früher, und er wurde auch gerne von den St. Paulianern benutzt. Seinen Namen erhielt er von einer um 1815 herum erbauten Gaststätte, die »Die Erholung bei der Elbe« hieß und ganz in der Nähe des Bismarckdenkmals stand – beziehungsweise dort, wo 100 Jahre später das Standbild errichtet wurde. »Bei der Erholung« verfügt jedoch auch über ein eigenes Denkmal – einen in den Weg eingelassenen, riesigen Bierbraukessel aus Messing, in dem früher einmal in der längst verschwundenen Bavaria-St. Pauli-Brauerei das Astra-Bier gebraut wurde. Und da kann einem dann doch ein wenig wehmütig werden, wie sich die Zeiten ändern.

Adresse oberhalb der St. Pauli Hafenstraße und des unteren Endes der Davidstraße | **ÖPNV** U3, Haltestelle Landungsbrücken | **Tipp** Von hier sind es nur ein paar hundert Meter zu den Landungsbrücken, wo man mit einer ganz normalen HVV-Tageskarte den Hafen per Fähre (Linie 62) erkunden kann. Für passionierte Spaziergänger lohnt sich zusätzlich die Weiterfahrt von Finkenwerder nach Teufelsbrück (Linie 64).

4 — Das Bismarck-Denkmal
Das Reichskanzlerstandbild der Superlative

Wenn man von der U-Bahn-Haltestelle St. Pauli durch den Alten Elbpark zu den Landungsbrücken hinunterspaziert, kommt man an einem fast 15 Meter großen, grimmig über den Hafen in Richtung Nordsee blickenden Ritter aus Stein vorbei. Eigentlich ist es nur der Walross-Schnauzer, der einem verrät, wer der Mann in der Rüstung sein soll, der sich auf einen Zweihänder stützt: Es ist Reichskanzler Otto von Bismarck. Das Standbild orientiert sich an der traditionellen Form der Rolandstatue, wie man sie seit dem Mittelalter in vielen norddeutschen Städten findet. Der stets mit gezücktem Schwert dargestellte Ritter war ein Sinnbild für das Stadtrecht und damit für Gerechtigkeit, für Freiheit und Wohlstand der Bürger. Aber ausgerechnet Bismarck als Roland? Das rief damals zahlreiche Kritiker auf den Plan. Nichtsdestotrotz wurde das Denkmal gebaut und 1906, acht Jahre nach Bismarcks Tod, feierlich enthüllt. Die nackten Männer zu Bismarcks Füßen symbolisieren die verschiedenen Stämme der Germanen – sie wurden etwas später hinzugefügt.

Der Entwurf stammte vom Berliner Neubarock-Künstler Hugo Lederer; umgesetzt wurde er vom Architekten Johann Emil Schaudt, der unter anderem das KaDeWe in Berlin baute. Er war es auch, der um das Standbild herum große Katakomben anlegte, von denen man bis heute nicht weiß, wozu sie eigentlich dienen sollten. Im Krieg wurden Luftschutzräume daraus, und nach 1945 verschloss man die Zugänge. Dabei wäre das heute eigentlich eine gute Location für einen Club.

Adresse Seewartenstraße | ÖPNV S1/3, U3, Haltestelle Landungsbrücken | Tipp Südlich des Alten Elbparks kommt man über die Straßen Venusberg und Kuhberg ins sogenannte »Portugiesenviertel«, das allen Liebhabern iberischer Küche ans Herz gelegt sei.

5 Das B-Movie
Das Wohnzimmer unter den Hamburger Kinos

In einem Hinterhof im Wohnviertel nördlich der Reeperbahn liegt dieses 1987 entstandene kleine Kino, in dem man wirklich außergewöhnliche Filme sehen kann. Es verfügt über nur 56 Sitzplätze, aber gerade das macht seinen Charme aus – vom Foyer mit seinen gemütlichen Plüschmöbeln ganz zu schweigen. Ein wenig fühlt man sich wie in eine andere Zeit versetzt, vor allem wenn man sich hier einen Klassiker in Originalversion auf 70 Millimetern ansieht. Daneben zeigt das »B-Movie« für einen festen Eintrittspreis von nur 3,50 Euro und ohne vorgeschalteten Werbeblock aktuelle Dokumentationen, Independent- und Underground-Produktionen, die man in Hamburg nirgendwo anders zu sehen bekommt. Und auch die Freunde des gepflegten Trash und schräger Experimentalfilme kommen auf ihre Kosten – das Programm, das jeden Monat einem bestimmten Motto folgt, ist so vielfältig wie der Stadtteil und seine Bewohner. Und der liegt den Machern besonders am Herzen: Betrieben wird das Kino vom Verein B-Movie Kulturinitiative auf St. Pauli e.V., der sich um die Stadtteilkultur kümmert. Und das ist heute, wo St. Pauli immer weiter gentrifiziert wird, nötiger denn je. So treffen sich hier auch diverse engagierte Initiativen, beispielsweise gibt es regelmäßig den »Kinotreff für Gehörlose, Schwerhörige und Hörende« und den »KurzFilmStammtisch«. Außerdem ist das Kino eine feste Station diverser Filmfestivals wie der Lesbisch-Schwulen-Filmtage und des Radar International Independent Film Festivals.

Adresse Brigittenstraße 5 | **ÖPNV** S1/S3, Haltestelle Reeperbahn; U3, Haltestelle Feldstraße | **Tipp** Dieses etwas abseits gelegene Viertel mit seinen schönen Jugendstilfassaden ist nicht so von Touristen überlaufen wie die Straßen südlich der Reeperbahn. Umso schöner sind die zahlreichen Möglichkeiten, vor oder nach dem Film etwas zu essen und zu trinken, und man entdeckt sogar den einen oder anderen kleinen Laden.

6 — Die Boutique Bizarre
Erotik in Stahl und Glas

Sexshops gibt es viele auf der Reeperbahn; es wäre müßig, alle aufzuzählen oder gar zu beschreiben. Doch die »Boutique Bizarre« ist etwas ganz Besonderes – das merkt man schon daran, dass sie als einziges Geschäft dieser Art Eintritt nimmt, um vor allem am Wochenende den Strom von Besuchern einzudämmen (zumal die Touristen in der Regel nur gucken und nicht kaufen wollen).

Auf 1.400 Quadratmetern über zwei Etagen bietet die »Boutique Bizarre« in ihrer modernen Inneneinrichtung aus Metall und Glas alles im Bereich Sex, was das Shopper-Herz begehrt. Los geht es im Erdgeschoss mit der »normalen« Abteilung, soll heißen: Vibratoren, Liebeskugeln, Porno-DVDs und so weiter – wobei man immer wieder auf Artikel stößt, die sich in Glasvitrinen verstecken und einen staunen lassen, wie viel Geld man für Sexspielzeug wie einen handgefertigten Glasdildo anlegen kann.

Der »bizarre« Teil der Boutique befindet sich im Untergeschoss, wo SM-Liebhaber alles finden, was sie suchen, von Lackkleidern über Reitgerten bis hin zu Reizstromgeräten. Um dieses Angebot abzurunden, veranstaltet die »Boutique Bizarre« immer wieder Seminare für Fetisch-Anhänger, bei denen Experten der Szene über verschiedene Themen informieren, von japanischer Bondage bis hin zum Workshop »Alles über Hauen und Painplay«. Im Keller gibt es noch eine weitere Besonderheit: eine vom Verkaufsraum getrennte Kunstgalerie, die ständig wechselnde Werke von Independent-Künstlern präsentiert.

Adresse Reeperbahn 35 | **ÖPNV** U 3, Haltestelle St. Pauli | **Öffnungszeiten** Mo–So 10–2 Uhr | **Tipp** Nebenan sollte man noch im »Clochard« (Reeperbahn 29) reinschauen, die Kneipe ist eine wahre Institution. »Die billige Kneipe auf dem Kiez«, so die Eigenwerbung, serviert traditionell Gratis-Schmalzbrote zum Bier.

7 — Das Clubheim des FC St. Pauli
Nicht live dabei und doch ganz nah dran

Die Spiele des FC St. Pauli sind ein ganz besonderes Erlebnis – und das nicht nur für Fans des (fast) ewigen Zweitligavereins, sondern für alle Fußballbegeisterten. Egal, gegen wen der FC St. Pauli spielt, im Millerntor-Stadion ist jedes Mal die Hölle los, und zwar direkt ab dem Moment, wenn eine Partie – ganz stilecht – mit AC/DCs »Hells Bells« eingeläutet wird. Wer keine Karte mehr bekommen hat, aber trotzdem hautnah dran am Geschehen sein oder einfach nur beim Spiel im Warmen sitzen möchte, der geht ins »St. Pauli Clubheim«. Und keine Sorge: Man muss kein Clubmitglied sein, um das Vereinsheim zu betreten! Jedermann und jede Frau kann dort vom Barhocker aus oder am Holztisch alle Partien des FC St. Pauli wie auch Bundesliga-, Pokal- und Champions-League-Spiele verfolgen, live und in HD auf mehreren Bildschirmen beziehungsweise per Beamer auf zwei Leinwänden.

Im »St. Pauli Clubheim« findet aber nicht nur Fußball auf dem Rasen statt: Auch Tischfußball-Enthusiasten wird hier etwas ganz Besonderes geboten. Mittwochabends trifft sich die »Kicker-Academy«, und für ein geringes Startgeld kann man in mehreren Vorrunden und einer K.-o.-Runde sein Können unter Beweis stellen. Mit etwas Glück und viel Geschick wird man dann am Ende der Saison vielleicht sogar zum »KiezKickerKing« ernannt. Und auch die Kultur kommt nicht zu kurz: Zu besonderen Gelegenheiten – wie dem Reeperbahn Festival – gibt es Livemusik und Lesungen im Clubheim.

Adresse Harald-Stender-Platz 1 | **ÖPNV** U3, Haltestelle St. Pauli | **Öffnungszeiten** Mo–Fr 17–circa 0 Uhr sowie 2,5 Stunden vor Anpfiff (Heimspiele), 1,5 Stunden vor Anpfiff (Auswärtsspiele) | **Tipp** Nach einem Spiel kann es hier voll werden, wenn die Fans aus dem Stadion zum »After-Match-Bier« einfallen.

8_ Das Cuneo

Eine echte Gastro-Dynastie

So etwas hatte Hamburg bis dato noch nicht gesehen: ein Italiener, der ein eigenes Restaurant mit italienischer Küche eröffnete! Das war im Jahr 1905, und die Gäste von Francesco Cuneo waren in erster Linie seine Landsleute. Zu jener Zeit warb die Stadt Hamburg eine große Zahl italienischer Gastarbeiter an, die am größten Bauprojekt der Stadt mitarbeiteten, einem Tunnel unter der Elbe: dem Alten Elbtunnel, den man heute noch durchwandern kann.

Hier im »Cuneo« fanden sie die vertrauten Speisen – und eigens aus Italien importierte Weine. Seither befindet sich dieses traditionsreiche Haus in Familienbesitz. Ab 1963 führte Francescos Enkel Franco (heute Anfang 70) lange Jahre das Restaurant, inzwischen hat seine Tochter Franca das Ruder übernommen. So ist das »Cuneo« schon lange eine feste Institution auf dem Kiez, und in den letzten Jahrzehnten hat es sich zudem zu einem Hotspot der Hamburger Prominenten gemausert. Dementsprechend schwierig ist es auch, einen Tisch zu bekommen.

Die Küche im »Cuneo« ist sehr traditionell, manche Gerichte werden seit 100 Jahren nahezu unverändert angeboten. Und warum auch nicht? Sie sind nämlich phantastisch, genau wie der Wein, den die Familie noch immer selbst importiert. Dafür, dass man sich tatsächlich ein wenig wie in Italien fühlt, sorgen die Atmosphäre und die urige Inneneinrichtung, zu der auch eine richtige Musikbox mit alten italienischen Schlagern und zahlreiche Kunstwerke gehören.

Adresse Davidstraße 11 | **ÖPNV** S1/S3, Haltestelle Reeperbahn | **Öffnungszeiten** Mo–Sa 17.45–0.30 Uhr (unbedingt eine Woche vorher reservieren unter Tel. 040/312580) | **Tipp** Schräg gegenüber lohnt sich ein Besuch der »Kiezdruck Galerie«, wo man künstlerische Fotografien mit ganz besonderen Hamburger Motiven erstehen kann.

9 — Die Davidwache

Die Ikone unter den Polizeidienststellen

Dass die Fassade des Polizeikommissariats 15 mit ihrem markanten Giebel und den riesigen Lettern des Wortes POLIZEI so berühmt ist, liegt nicht zuletzt an Jürgen Roland. Immerhin gehörte sein semidokumentarischer Krimi »Polizeirevier Davidswache« (sic!) von 1964 jahrzehntelang zu den größten deutschen Kinoerfolgen, und auch in Rolands TV-Produktionen tauchte diese Polizeidienststelle immer wieder auf. Von der Reeperbahn aus betrachtet, erscheint das Gebäude nicht allzu groß – seine wahre Größe erschließt sich erst, wenn man die Davidstraße hinunterläuft: Bis zur nächsten Straßenecke erstreckt sich der Bau, inklusive eines großen Anbaus, der 2005 eröffnet wurde.

Seit 1868 sitzt die Polizei an diesem Standort. Der jetzige Bau ist etwas neuer, er stammt von Hamburgs Architektenlegende Fritz Schumacher und feierte 2014 sein hundertjähriges Bestehen. Dabei zeigte sich bereits damals ein heute wohlbekanntes Muster: Die zunächst veranschlagten Kosten beliefen sich auf 115.000 Reichsmark, und als der Bau bereits im Gange war, wurde die Summe auf 170.000 korrigiert, was zu Streit im Senat führte. Elbphilharmonie und BER lassen grüßen.

Das Revier, für das das PK 15 zuständig ist, misst nicht einmal einen Quadratkilometer, es ist das kleinste in ganz Europa. Aber natürlich haben die Polizisten hier deshalb nicht weniger zu tun – bei 50.000 bis 100.000 Menschen, die pro Tag die Reeperbahn besuchen, gibt es genug zu tun. Von den Problemen mit Zuhältern und Bandenkriminalität ganz zu schweigen.

Adresse Spielbudenplatz 31 | **ÖPNV** S 1 / S 3, Haltestelle Reeperbahn | **Tipp** Für Traditionalisten: Die Kneipe »David-Quelle« gegenüber ist nicht ganz so alt wie die Polizeiwache, hat aber auch schon über 100 Jahre auf dem Buckel.

10_Das Dollhouse
Hochglanzstrip im Sündenpfuhl

Striplokale gab es ab den frühen 60er Jahren viele an der Reeperbahn, doch die frivolsten Attraktionen bot die Große Freiheit: Hier gab es Clubs, die Live-Sex auf der Bühne zeigten. Heute kann man gerade hier gut beobachten, wie sich St. Pauli verändert: In allen Locations ehemaliger Sexclubs befinden sich heute Discos; die traditionsreichste ist die Große Freiheit 36, an der bis Mitte der 80er Jahre das »Colibri« residierte. Doch auch die anderen Läden mit Live-Sex-Show, »Salambo«, »Regina« und »Safari«, sind inzwischen verschwunden. Noch in den 70er Jahren war die Entwicklung genau entgegengesetzt, als das »Salambo« in die Räume des berühmten »Star-Club« einzog. Das »Safari« war das letzte Lokal in Deutschland, in dem man Menschen bei einem übertrauerten Glas Sekt dabei zusehen konnte, wie sie es auf der Bühne miteinander trieben. Es schloss Ende 2013 seine Pforten – nur das berühmte Schild mit dem Elefanten hängt noch über der Straße.

Keinen Live-Sex, aber doch immerhin nackte Tatsachen gibt es in der Großen Freiheit nur noch im hochglanzpolierten »Dollhouse« zu sehen, seit 1997 die Anlaufstelle aller Junggesellenabschiede. Hier residierte das »Salambo«, nachdem es 1983 abgebrannt war und ein paar Häuser weiter eine neue Bleibe gefunden hatte. Was im »Dollhouse« geboten wird, nennt sich heute »High Class Tabledance« und ist von der ein wenig schmuddeligen Aura der traditionellen Stripschuppen (und auch des »Salambo« oder »Safari«) meilenweit entfernt.

Adresse Große Freiheit 11 | **ÖPNV** S 1/S 3, Haltestelle Reeperbahn | **Öffnungszeiten** Sa–Mi 21–4 Uhr, Do, Fr 21–5 Uhr | **Tipp** Wer Tabledance in etwas kleinerem Rahmen sucht, dem sei beispielsweise das »Pearls« (Reeperbahn 56) nahegelegt.

11 — Das ehemalige Bambi-Kino

Die Legende vom brennenden Pariser

Heute ist es ein unscheinbarer Hauseingang, doch hier residierte 1960 das »Bambi-Kino«. Es gehörte dem umtriebigen Bruno Koschmider, der die Beatles nach Hamburg holte. Sie traten im nahe gelegenen »Indra« auf und übernachteten in einem versifften, fensterlosen Hinterzimmer des Kinos. Die Unterbringung fanden die fünf Liverpooler genauso furchtbar wie den Schuppen, in dem sie spielen mussten. Doch als der Betreiber des »Top Ten« die Beatles engagieren wollte (auch deshalb ein verlockendes Angebot, weil er oberhalb seines Clubs eigene Räumlichkeiten für seine Künstler hatte), stellte sich Koschmider stur und weigerte sich, die Beatles vorzeitig aus dem Vertrag zu entlassen. Die enttäuschten Jungs randalierten – der Legende nach zündeten Paul und Pete ein Kondom an, was für einen kleinen Zimmerbrand sorgte. Das Ende vom Lied: Die Polizei kam und stellte fest, dass George noch keine 18 Jahre alt war! Alle fünf mussten Hamburg verlassen und kamen erst im Jahr darauf zurück.

Um das vom Senat und der Stadt Hamburg ignorierte 50-jährige Jubiläum des ersten Auftritts der Beatles in Hamburg zu feiern, trat im August 2010 eine US-amerikanische Indie-Band im »Indra« auf, die aus Mitgliedern unter anderem von Nada Surf und Guided by Voices besteht. Sie spielten vier Tage hintereinander die Original-Setlist der frühen Beatles – je dreimal eine Stunde pro Abend. Der Name der Band, ganz programmatisch: »Bambi Kino«.

Adresse Paul-Roosen-Straße 33 | **ÖPNV** S 1 / S 3, Haltestelle Reeperbahn | **Tipp** Zwei Ecken weiter findet man in einem Hinterhof an der Wohlwillstraße 22 einen weiteren Pilgerort für Beatles-Fans: den Hauseingang, in dem Jürgen Vollmer 1961 John Lennon fotografierte.

12 Das ehemalige Top Ten
Beat und Bandenkriege

Ein wenig sieht es aus wie ein rosa Hexenhaus, das Gebäude Reeperbahn 136. Doch das Alter des Hauses ist es nicht, das diesen Ort so geschichtsträchtig macht, und ebenso wenig der »Moondoo«-Club und »Pizza Hut«, deren Schriftzüge heute die Fassade zieren. Es ist vielmehr die Tatsache, dass hier im Keller bis 1995 ein Musikclub betrieben wurde, der wie kaum ein zweiter auf dem Kiez Geschichte schrieb: das »Top Ten«. Hier spielten im April 1961 die Beatles nach ihrem Engagement im »Kaiserkeller«, und hier war es, wo sie ihren eigenen Stil fanden. Aber auch andere Rock- und Popgrößen konnte man hier sehen, wie die Spencer Davis Group oder Elton John.

In den 70ern wurde aus dem Live-Club eine Diskothek. Als die Gangart der Zuhälter- und Drogenbanden auf dem Kiez härter wurde, blieb auch das »Top Ten«, lange Zeit eine der populärsten Locations, nicht davon verschont. Das spiegelte sich auch in einem Besitzerwechsel wider: Eine der berühmtesten Kiezgrößen, Kalle Schwensen, den man früher (bis er gerichtlich dagegen vorging) »Neger-Kalle« nannte, übernahm das »Top Ten« im Jahr 1984. Zu dieser Zeit war die Reeperbahn noch nicht so sehr auf Hochglanz poliert wie heute, und immer wieder kam es im Keller der Hausnummer 136 zu Schlägereien und sogar Schießereien. Und wer sich auf dem Klo rüpelhaft oder unflätig benahm, musste damit rechnen, dass Tante Rosa, die legendäre Toilettenfrau, ihm mit dem Schrubber drohte. Schwensen betrieb den Laden bis 1995. Mit ihm ging auch der Name »Top Ten«.

Adresse Reeperbahn 136 | ÖPNV S1/S3, Haltestelle Reeperbahn | **Tipp** Im »Moondoo« tanzt man heute auf zwei Ebenen zu House, Electro und Indie-Funk, Studenten haben donnerstags freien Eintritt.

13 — Die Eislaufbahn in den Wallanlagen
Fette Beats und kalte Füße

Wer in den Wintermonaten ein paar hundert Meter nördlich der U-Bahn-Haltestelle St. Pauli an den Großen Wallanlagen am südlichen Ende von »Planten un Blomen« vorbeiläuft, hört unweigerlich schreiende und lachende Kinder. Denn hier liegt die »Indoo Eisarena Hamburg«, mit über 4.000 Quadratmetern die größte künstliche Freilufteisbahn der Welt. Eröffnet wurde sie im Jahr 1973, als Hamburg zum fünften Mal die Internationale Gartenschau IGA ausrichtete. Bistro, Kaffee- und Glühweinbude, Partyräume, Schlittschuhverleih, freies Eislauftraining – für alles ist hier gesorgt. Man muss sich nur aufs Eis trauen. Wer gegen 12.30 Uhr, 15 Uhr und 18.30 Uhr eintrifft, muss allerdings unter Umständen ein wenig Wartezeit einplanen. Dann kann es nämlich vorkommen, dass das Eis erneuert wird und die Bahn für etwa eine halbe Stunde gesperrt ist. Das kommt natürlich immer aufs Wetter an.

Zum besonderen Service der Eisbahn gehört ein speziell ausgerichteter Kindergeburtstag, und für Betriebsausflüge wird auf bis zu fünf Bahnen Eisstockschießen organisiert. Auf Wunsch auch mit »Glühwein-Flatrate«. Wer es noch lebhafter möchte oder dem üblichen Kindergeschrei Musik vorzieht, der kommt am Freitag- oder Samstagabend auf die Eisbahn, denn dann legt ein DJ auf, komplett mit Lichtshow. Allerdings sollte man dann erst um acht kommen, denn gegen halb acht wird das Eis noch einmal frisch abgezogen. Denn wer weiß schon, wie wild es die »Eistänzer« treiben?

Adresse Holstenwall 30 | **ÖPNV** U 3, Haltestelle St. Pauli; Bus 112, Haltestelle Handwerkskammer | **Öffnungszeiten** Nov.–Feb. Do–Di 10–22 Uhr, Mi 10–17 Uhr (Schulklassen ab 20 Personen bei vorheriger Anmeldung ab 8 Uhr) | **Tipp** Wem zu kalt an den Füßen wird, der wärmt sie bei einem Spaziergang durch den 47 Hektar großen Park »Planten un Blomen« wieder auf, wo man einen großen Rosengarten und ein japanisches Teehaus bestaunen kann.

14 Das Erotic Art Museum
Nichts als Schweinkram

»Sehr geehrte Mösen und Stangen« – mit diesen Worten begann Tomi Ungerer seine Rede zur Eröffnung des Hamburger Erotic Art Museums im Jahr 1992. Ungerers Werke hatten einen eigenen Raum im EAM, und daneben waren über 1.000 weitere Kunstwerke mit mehr oder weniger expliziten Darstellungen zu bestaunen, darunter ganz berühmte Namen wie Picasso und Keith Haring. Die Sammlung von Gemälden, Zeichnungen, Fotografien und Comics zum Thema Sex war einzigartig, das Museum eine echte Attraktion. Das alles fand jedoch nicht ganz dort statt, wo heute an der Fassade »Erotic Art Museum« steht: Es war ein paar Hausnummern weiter, in der Bernhard-Nocht-Straße 69. Zunächst einmal. Denn fünf Jahre nach der Eröffnung zog das Museum mit Sack und Pack ans Nobistor, die westliche Verlängerung der Reeperbahn, sozusagen mitten in den Touristenstrom, nur um weitere fünf Jahre danach wieder an seinen alten Ort zurückzukehren. Diverse Sonderausstellungen, zum Beispiel zu Robert Crumb oder Tom of Finland, sorgten für steten Andrang.

Doch dann gab es Probleme: 2005 ersteigerte die Immobilienfirma GGS das Gebäude, und bevor sie es weiterverkaufte, ließ sie unter Berufung aufs Vermieterpfandrecht das Museum leer räumen. Es ging vor Gericht, aber der Verbleib der auf drei Millionen Euro geschätzten Kunstwerke ist bis heute ungeklärt. So zeigt das heutige Erotic Art Museum in der Hausnummer 79 lediglich einige hundert Werke des Hamburger Künstlers Friedrich »Fiete« Frahm. Die sind aber auch sehr sehenswert.

Adresse Bernhard-Nocht-Straße 79 | **ÖPNV** S1/S3, Haltestelle Reeperbahn; Bus 111, Haltestelle Bernhard-Nocht-Straße | **Öffnungszeiten** So–Do 12–22 Uhr, Fr, Sa 12–24 Uhr (Führungen durch eine frivol gekleidete junge Dame auf Anfrage) | **Tipp** Der Rest der Bernhard-Nocht-Straße ist ebenfalls sehenswert, vom traditionsreichen Tropeninstitut (dessen Gründer der Straße 1928 ihren Namen gab) am östlichen bis hin zu den phantasievoll bemalten Häusern am westlichen Ende.

15 — Das Gartendeck
Urbane Landwirtschaft zum Mitmachen

Am nördlichen Ende der Großen Freiheit tut sich in den Sommermonaten etwas: Hier wurde im Jahr 2011 das Dach einer Tiefgarage in einen 1.500 Quadratmeter großen Stadtgarten umgewandelt, bei dem viele Anwohner kräftig mitmischen. Urban Gardening nennt man diesen Trend: Die Natur wird in die Stadt geholt, mit »Guerilla-Bepflanzung« öffentlicher Räume oder mit dem Anbau von Obst und Gemüse zwischen den Häusern. Der Parkplatz hier wurde dafür jedoch nicht etwa mit Mutterboden bedeckt: Möhren, Kartoffeln oder Erdbeeren werden in Kisten gezogen – auch weil die Genehmigung jeweils nur für eine Saison gilt und der Garten so notfalls auf einen Umzug vorbereitet ist. Über 600 Bäckerkisten stehen bereit, und auch drei Bienenvölker sind hier zu Hause.

Jeder kann beim »Gartendeck« mitmachen, man muss nur mit ein paar Gartenhandschuhen vorbeikommen und kann »losgärtnern« – auf einer Tafel steht jeweils, ob gerade gesät, gejätet oder gedüngt werden muss. Selbstverständlich wird nur ökologisches Saatgut verwendet. Für den privaten Bedarf gärtnert hier jedoch keiner: Die Ernte wird gemeinschaftlich verkocht und verspeist. Natürlich kann man sich das Ganze auch einfach angucken, ohne selbst zur Schaufel zu greifen. Rundgänge, bei denen der Garten und seine Pflanzen vorgestellt werden, gibt es zwar nur für Gruppen oder Bildungsträger, aber auch wenn man nicht in der Gruppe kommt, findet man hier immer einen netten Menschen, der einem dies und das erklärt.

Adresse Große Freiheit 62–68 (Hofeinfahrt links vom »Indra«) | **ÖPNV** S1/S3, Haltestelle Reeperbahn | **Öffnungszeiten** Do 16–19 Uhr, Sa 14–20 Uhr, So 14–19 Uhr (etwa April bis Okt.) | **Tipp** Es gibt immer wieder offene Workshops, beispielsweise zum Veredeln von Obstbäumen, zu Heilkräutern oder übers Bierbrauen. Anmelden kann man sich per E-Mail.

16 — Die Gedenktafel für den Star-Club
Was von der Legende übrig blieb

Kein anderer Name eines Kiez-Etablissements steht in gleichem Maße für die Musik der »wilden Sechziger« wie der des »Star-Clubs«. Im April 1962 machte Manfred Weissleder aus seinem »Stern-Kino« kurzerhand einen Musikschuppen. Der erst 26-jährige Horst Fascher überzeugte den Kinobesitzer davon, dass ein solcher Laden eine Goldgrube sein könnte – wenn man alles richtig mache. Und dafür sorgte der gelernte Bootsbauer Fascher höchstpersönlich, indem er als Geschäftsführer bei Weissleder einstieg. Wie er sich später erinnerte, lag der Umsatz bereits im ersten Monat beinahe bei einer Viertelmillion Mark. Aus gutem Grund: Die erste Band, die er verpflichtete, waren die Beatles, und ihnen folgte die Crème de la Crème des Beat und Rock 'n' Roll – von Chuck Berry und Bill Haley über Little Richard und Ray Charles bis hin zu Jimi Hendrix. Eine Million Besucher verzeichnete der »Star-Club« jedes Jahr.

1965 verließ Fascher den Club. Er musste eine dreijährige Haftstrafe wegen schwerer Körperverletzung antreten, danach fuhr er nach Vietnam, wo er die musikalische Betreuung der US-Truppen organisierte. Nach Faschers Fortgang dauerte es nur noch wenige Jahre, bis der »Star-Club« seine Pforten wieder schloss: Am 31. Dezember 1969 fand das letzte Konzert statt, und fortan gastierte hier das Erotiklokal »Salambo« – Sex versprach inzwischen mehr Profit als Livemusik. In den 80ern brannte das Gebäude aus, 1987 wurde es abgerissen. Später stellte Günter Zint vom St. Pauli Museum diesen Gedenkstein auf.

Adresse Große Freiheit 39 (hinter einem Durchgang an der rückseitigen Mauer eines Thai-Bordells) | **ÖPNV** S 1/S 3, Haltestelle Reeperbahn | **Tipp** Links nebenan befindet sich das »Kurhotel St. Pauli«, eine kultige Location zwar nicht im 60er-, doch immerhin im 70er-Jahre-Stil, die man für private Feiern mieten kann.

Hier gastierten:

...eatles   The Liverbirds   Ray Charles   Gerry and the Pacemakers
...ng Lord Sutch   The Pretty Things   Gene Vincent
Remo Four   Bo Diddley   Johnny Kidd and the Pirates
...Sheridan   Bill Haley   Brenda Lee   Chuck Berry   The Eve...
...ecker   The Taste - Rory Gallagher
   King Size Taylor and the Dominoes   Joey Dee   Joe Brown
...Lee Lewis   Spencer Davis Group / Steve Winwood   The...
The Undertakers   The V.I.P.S.   The Sea...
...the Zodiacs   The Walker Brothers   The RIVETS   The...
Ray Young   und viele mehr

...s alles wurde möglich durch Manfred Weissleder und sein Team
Horst, Pico, Hans und die vielen Anderen

17__Der Golden Pudel Club
Speerspitze des Undergrounds

»Die Welt ist eine Pudel«, so lautet zurzeit das sich immer wieder einmal ändernde Motto desjenigen Hamburger Clubs, auf den sich so ziemlich alle mehr oder weniger abseits des Mainstreams operierenden Szenegruppen einigen können. Ertappte Schmuggler kerkerte man im 19. Jahrhundert in dem Haus mit Spitzgiebel ein, in dem Rocko Schamoni (Studio Braun) und Schorsch Kamerun (Goldene Zitronen) 1995 den »Golden Pudel Club« eröffneten. Der Laden diente als Fortführung des alten »Pudel Club«, der seit 1988 zum Treffpunkt der Gegenkultur avanciert war, zunächst auf St. Pauli, dann zog er ins Schanzenviertel um. Und schließlich landete man hier am Elbufer, unweit des Fischmarkts.

Kamerun nannte den »Golden Pudel Club« einmal einen »Zeitgeistladen, der jeden noch so winzigen Trend aufspürt, um ihn dann zu zerstören«. Ob Konzerte oder Partys – was hier stattfindet, ist Underground. Dennoch ist alles erfrischend niedrigschwellig. Niemand, so hat man das Gefühl, nimmt sich hier besonders wichtig. Und auch nicht besonders ernst: Im Programmheft lautet das Motto für den Mittwoch momentan »Die Kotze hat meine Jacke verklebt«, und donnerstags heißt es dann »Die Welt zu Gast beim Feudeln«. Dabei hat der »Pudel« immer wieder mit Problemen zu kämpfen – doch alle Widerstände nimmt man mit Humor. So wurde der Club im August 2014 zum »Mietpreiskönig« gekrönt: Die Betreiber mussten mehr Miete pro Quadratmeter zahlen als alle neuen Luxusbauten im Umkreis.

Adresse St. Pauli Fischmarkt 27 | **ÖPNV** S1/S3, Haltestelle Reeperbahn; Bus 111, Haltestelle Bernhard-Nocht-Straße | **Öffnungszeiten** Mo–So 23–6 Uhr | **Tipp** Ein Stück Richtung Hafen findet man im Sommerhalbjahr das »Strand Pauli«, Hamburgs besten Beachclub.

18_ Das Gretel & Alfons

Ein Bier, ein Schnaps, ein Schlager

Es gibt einen Ort, wo man den Kiez noch so erleben kann, wie er vor 30, 40, sogar 50 Jahren einmal war. Wo die Zeit stillzustehen scheint, während draußen die Etablissements immer »glatter« und kommerzieller werden. Das »Gretel & Alfons« ist wie ein Fels in der Brandung: Seit über 60 Jahren existiert die Gaststätte bereits, und im Laufe der Jahre hat sich die holzgetäfelte Inneneinrichtung kaum verändert. Wie es sich im Umfeld des Hamburger Hafens gehört, finden sich hier Schiffsmodelle und -laternen, Steuerräder an der Decke und Bilder alter Segelschiffe.

Doch nicht alles, was man hier bestaunen kann, ist so maritim: Wie diverse Memorabilien verraten, hatte die Kneipe Anfang der 60er Jahre ein paar Stammgäste, die später berühmt wurden: »*The off-duty pub for a lot of the boys was a small bar in the Große Freiheit called the Gretel und Alfons*«, schreibt der damalige Manager der Beatles, Allan Williams, in seinen Memoiren. »*It was nothing to write home about, but for some reason the Beatles favoured it.*«

Typisch hanseatisch macht man hier aus der ganzen Beatles-Geschichte (abgesehen von den Bildern an der Wand und einem signierten Paul-McCartney-Tourneeplakat mit Widmung) jedoch keinen großen Zirkus: Aus den Lautsprechern am Tresen erklingen nicht etwa »She loves you«, »We can work it out« oder »Yesterday«, sondern Jürgen Drews und Andrea Berg, und ganz gleich, wie man dies in musikalischer Hinsicht findet: Es passt einfach perfekt hierher.

Adresse Große Freiheit 29 | **ÖPNV** S1/S3, Haltestelle Reeperbahn | **Öffnungszeiten** Mo–So 18–8 Uhr | **Tipp** Ja, hier darf man rauchen. Auch drinnen. Eben genau wie früher.

19 — Die Große Freiheit 36
Party- und Konzertzentrale

Man nennt diesen Club im Hamburger Volksmund lediglich »Große Freiheit« oder sogar nur »die Freiheit«. Bei einer so berühmten Straße wie der Großen Freiheit will es schon etwas heißen, wenn eine einzige Hausnummer zu ihrem Synonym wird. Die Bedeutung liegt dabei für die meisten Besucher weniger darin, dass sie hier am Wochenende so oft tanzen gehen, sondern in den legendären Konzerten, die sie hier erlebt haben – und wer ist hier seit 1985 nicht schon alles aufgetreten, von Neil Young über Rio Reiser, Robbie Williams und Pearl Jam bis hin zu den Fantastischen Vier und Westernhagen.

Der Standort selbst hat eine viel längere Geschichte. Hier (und nicht an der Hausnummer 7) stand das »Hippodrom«, das man im Hans-Albers-Film »Große Freiheit Nr. 7« bestaunen kann: ein Vergnügungslokal mit einer runden Manege in der Mitte, in der die Besucher auf Pferden reiten konnten. Das Gebäude wurde 1944, ein Jahr nach den Dreharbeiten, zerstört. Nach dem Wiederaufbau residierte hier lange Zeit der Stripclub »Colibri«, der ein großes Wasserbecken besaß, in dem die Mädchen als Nixen herumplanschten. Mitte der Achtziger wurde das »Colibri« geschlossen und in einen Musikclub umgewandelt, wie es so manchem Etablissement auf St. Pauli widerfuhr. Hier war dies jedoch besonders sinnfällig: Immerhin hatte sich im Keller der Hausnummer 36 der »Kaiserkeller« befunden, in dem die Beatles gespielt hatten. Ein Jahr nach dem Erdgeschoss wurde auch dieser wiedereröffnet.

Adresse Große Freiheit 36 | ÖPNV S1/S3, Haltestelle Reeperbahn | Öffnungszeiten Fr, Sa 22–5 Uhr (außer bei Konzerten) | Tipp Bei Partys schließt der Eintritt auch den »Kaiserkeller« und die »Galeria 36« im Obergeschoss mit ein. Wem die Musik im großen Saal mal nicht gefällt, der hat also immer noch Ausweichmöglichkeiten, ohne wieder auf die Straße zu müssen.

20 __ Der Hamburger Berg
Die Studentenfete, die nie zu Ende geht

Der Name dieser Straße weist zurück in eine Zeit, als sich im Bereich des heutigen St. Pauli ein Vorort Hamburgs befand, ein paar Hügel, die die Hansestadt von Altona trennten – zusammengefasst nannte man diese den »Hamburger Berg«. Zu Beginn des 17. Jahrhunderts wurden einige dieser Berge buchstäblich dem Erdboden gleichgemacht, denn man brauchte Material für eine neue Stadtbefestigung. Gleichzeitig wurde der Vorort von Hamburg eingemeindet. Die in diesem Kapitel beschriebene Straße entstand sehr viel später. Von 1865 bis 1938 hieß sie Heinestraße, nach Salomon Heine, dem Onkel des Dichters Heinrich Heine. Die Nazis wollten die Erinnerung an den jüdischen Bankier auslöschen und nannten die Straße in »Hamburger Berg« um.

Ähnlich wie die Große Freiheit ist auch der Hamburger Berg eine Partymeile, doch traditionell ist das Publikum hier eher studentisch und ein wenig »szeniger« als dort – oder auf der Reeperbahn, wo man hauptsächlich Touristen antrifft. Ein Club reiht sich hier an den anderen, vom »Ex-Sparr« und »Rosi's Bar« über das »Headcrash« und die »Barbarabar« bis hin zum »Roschinsky's« und dem »Blauen Peter IV«.

In den meisten dieser Läden wird aufgelegt, und man kann zu Musik abseits der Charts tanzen, ohne dafür Eintritt zu bezahlen. Im Sommer verlagert sich das Leben dann teilweise nach draußen, wenn die Kneipenbesitzer Sofas auf die Bürgersteige stellen. Dafür wird die Straße dann aber leider auch schnell zugemüllt.

Adresse Hamburger Berg | **ÖPNV** S1/S3, Haltestelle Reeperbahn | **Öffnungszeiten** Manche der Kneipen machen schon um 20 Uhr auf, getanzt wird aber oft erst nach Mitternacht. | **Tipp** An der Ecke zur Reeperbahn winkt das große »Kasino Reeperbahn«, wo man unter anderem Roulette und Blackjack spielen kann. Und das ganz ohne Krawattenzwang.

21_ Der Hamburger Dom
Halligalli mit dem Segen des Erzbischofs

Ein Dom ist für die meisten Deutschen eine große Kirche. Nicht so in Hamburg: Wenn man hier vom »Dom« spricht, geht es um Riesenrad, Zuckerwatte, Autoskooter und Achterbahn – der Hamburger Dom ist das größte norddeutsche Volksfest. Ein Jahrmarkt, der Dom heißt? Das muss seine Gründe haben. Und die sind natürlich historisch.

Im späten Mittelalter durften Schausteller bei schlechtem Wetter im Mariendom am Speersort Zuflucht suchen. Anfang des 14. Jahrhunderts missfiel dies dem amtierenden Erzbischof, und er untersagte Händlern und Gauklern den Aufenthalt im und am Dom. Doch das führte zu Protesten seitens der Bürger, und so musste der Bischof ein paar Jahre später zurückrudern. Schließlich erhielt das Hamburger Volksfest sogar seinen festen Platz neben dem Dom. Kein Wunder, dass das Wort »Dom« über kurz oder lang nicht mehr das altehrwürdige Gotteshaus bezeichnete, sondern das Vergnügen in seinem Schatten.

Anfang des 19. Jahrhunderts wurde der Mariendom abgerissen, und man siedelte die Schausteller und ihre Attraktionen um, aufs Heiligengeistfeld, wo sie noch heute ihre Buden und Fahrgeschäfte aufbauen, und zwar seit 1948 nicht mehr nur im Winter, sondern dreimal im Jahr. Das Vergnügen ist indes mitunter nicht ganz ungefährlich – immer wieder gibt es Unfälle, der schlimmste bislang geschah im August 1981, als der »Skylab« verunglückte und sieben Menschen in den Tod riss. Dann lieber auf das größte mobile Riesenrad der Welt – da ist noch nie etwas passiert.

Adresse Heiligengeistfeld | **ÖPNV** U3, Haltestelle St. Pauli/Haltestelle Feldstraße | **Öffnungszeiten** dreimal im Jahr einen Monat lang jeweils Mo–Do 15–23 Uhr, Fr, Sa 15–0.30 Uhr (Mittwoch ist Familientag – da ist alles etwas günstiger) | **Tipp** Wer quer über den Dom nach Norden läuft, kommt zur Feldstraße und dahinter ins quirlige Karoviertel mit vielen alternativen Shopping-Möglichkeiten und Cafés.

22 Das Hamburger Schulmuseum
Mit Rohrstock und Botanisiertrommel

Aus der »Feuerzangenbowle« mit Heinz Rühmann kennt man sie heute noch, die alten Klassenzimmer mit Katheder und Rohrstock, die Holztische mit fest montierter Bank und eingelassenem Tintenfässchen. All das hat man hier bewahrt und zeigt es in der Dauerausstellung im »Schulmuseum«, das die Geschichte der Schulen der Hansestadt von der Zeit Kaiser Wilhelms bis in die 1950er Jahre dokumentiert. Das Museum ist in den Räumen einer ehemaligen Realschule untergebracht, und die Anzahl der Exponate ist erstaunlich: Hier kann man Lehrbücher aus sieben Jahrzehnten bestaunen, alte Schreibutensilien und Schulkleidung, historische Schulzeugnisse und Lehrpläne, Wandkarten, ausgestopfte Tiere und unzählige Fotos.

Ein Schwerpunkt der Ausstellung liegt auf dem Thema »Schule in der NS-Zeit«. Das Highlight des museumspädagogischen Konzepts ist jedoch die »Kaiserliche Unterrichtsstunde«, bei der Schulklassen und andere Gruppen im Rollenspiel eine strenge Schulstunde aus der Kaiserzeit hautnah miterleben können (auf die Prügelstrafe wird jedoch aus naheliegenden Gründen verzichtet). In der Aula und im historischen Physiksaal des Gebäudes finden manchmal auch andere Veranstaltungen statt, wie Lesungen oder Konzerte (beispielsweise im Rahmen des Reeperbahn Festivals). Und in der Adventszeit wird hier natürlich die »Feuerzangenbowle« gezeigt – im Anschluss an die live miterlebte »Kaiserliche Unterrichtsstunde«. Und das ist wirklich ein Erlebnis.

Adresse Seilerstraße 42 | ÖPNV S1/S3, Haltestelle Reeperbahn | Öffnungszeiten Mo–Fr 10–16.30 Uhr sowie am ersten So im Monat 14–17 Uhr | Tipp Im Museumsshop kann man Repliken historischer Schreibgeräte und viele alte Schulbücher erwerben.

23 __ Der Hans-Albers-Platz
Ein Denkmal für den blonden Hans

Im Jahr 1964 erhielt die große Freifläche zwischen Reeperbahn und Friedrichstraße, die im Sommer ein geradezu mediterranes »Piazza«-Flair versprüht, endlich einen eigenen Namen. Pate stand der damals wie heute wohl berühmteste Sohn der Stadt, der wie kein Zweiter die Seefahrerromantik verkörpert. Neben der »Hans-Albers-Klause« erinnert hier vor allem ein großes Bronzestandbild an den »blonden Hans«, das Jörg Immendorff 1986 schuf.

Dabei ist das jetzige Standbild gar nicht das Original: Mitte der 90er Jahre ließ Immendorff nach einem Disput mit dem Senat seine Plastik wieder abbauen – übrig blieb ein leerer Sockel. Was man heute dort bestaunt, ist eine damals in aller Eile angefertigte Kopie. Wer das Original sehen will, muss in den Medienhafen Düsseldorf fahren. So ganz abwegig ist der dortige Standort aber auch nicht, denn in Düsseldorf kam Hans Albers' Sohn zur Welt (mit Namen ebenfalls Hans).

Der Hans-Albers-Platz ist ein beliebter Treffpunkt, zumal er komplett von Kneipen und Restaurants gesäumt ist. Allerdings kann es gerade für Männer ohne weibliche Begleitung nach Anbruch der Dunkelheit schwierig sein, von der Reeperbahn aus unbehelligt den Platz zu betreten, denn dann ist der Zugang auf ganzer Breite »abgeriegelt« von jungen Damen in neonfarbenen Leggings, die möglichst keinen durchlassen, ohne ihn zu fragen, ob er nicht mit aufs Zimmer möchte. Immerhin wird man dabei heute nicht mehr so oft mit eisernem Griff festgehalten wie noch vor zehn, fünfzehn Jahren.

Adresse Hans-Albers-Platz | **ÖPNV** S1/S3, Haltestelle Reeperbahn | **Tipp** Rund um den Platz gibt es mehrere schmale Kopfsteinpflasterstraßen mit alten Häusern und zum Teil ganz urigen Kneipen und Läden.

24__Die Herbertstraße
Sichtschutz aus der Nazizeit

Anders als im Amsterdamer Rotlichtbezirk, wo genau wie hier leichte Mädchen ebenso leicht bekleidet in ihren »Schaufenstern« sitzen, ist der Zugang zur Herbertstraße zu den Seitenstraßen hin durch mannshohe Sichtschutzwände blickdicht abgeschirmt. Aufgestellt wurden diese Wände in der Nazizeit, als man nicht nur viele der auf St. Pauli lebenden Ausländer deportierte, sondern auch der hier besonders florierenden käuflichen Liebe starke Einschränkungen auferlegte. Immerhin wussten die Machthaber, dass man die Prostitution nicht einfach verbieten konnte – wenigstens nicht hier auf dem Kiez. Aber verstecken sollte sie sich gefälligst.

Der Aufstieg der Straße zur »geilen Meile« begann um 1900 herum, als die Schiffe moderner wurden, weniger Reeper (Seiler) benötigt wurden und der alte Berufsstand schließlich komplett durch das »älteste Gewerbe der Welt« verdrängt wurde. So blieb die Reeperbahn das Ziel von Matrosen auf Landgang, die hier ihre Heuer verzechten – damals, als die großen Kähne noch an den St.-Pauli-Landungsbrücken anlegten. Im Containerzeitalter ist von dieser Seemannsromantik nichts mehr übrig. Das Geschäft mit dem Sex lässt nach an der Reeperbahn. Die letzte Live-Peepshow, großer Aufreger der 80er Jahre, schloss vor ein paar Jahren für immer ihre Pforten, stattdessen wirbt heute ein Bordell zur Straße hin auf mehreren Etagen mit »Sex für 39 Euro«. Sicher für alle Beteiligten ein eher zweifelhaftes Vergnügen. Aber die Herbertstraße wird bleiben, dafür sorgen schon die Touristen.

Adresse Herbertstraße | **ÖPNV** S 1/S 3, Haltestelle Reeperbahn | **Tipp**
Der Zutritt zur Herbertstraße ist für Frauen, Kinder und Jugendliche verboten, und das ist durchaus ernst gemeint.

25_ Das Herrenklo im Empire Riverside Hotel

Der schönste Blick über den Hafen

Eigentlich hat jede Stadt so einen Ort. Einen Ort, der einem einen ganz besonderen Ausblick über die Stadt bietet, dort, wo man es gar nicht erwartet. Genau so ein Fall ist die Herrentoilette im Empire Riverside Hotel. Im Hotel selbst versprechen die zwei Dutzend »Riverview-Zimmer« einen atemberaubenden Blick über den Hamburger Hafen – ihre Fronten bestehen komplett aus Glas. Wer es sich nicht leisten kann oder möchte, dort abzusteigen, der besuche die Bar »20up« im 20. Stock des Gebäudes. Bis nach Finkenwerder kann man von hier aus blicken. Ganz kostenlos ist dies Vergnügen natürlich auch nicht, zumal es hier einen Dresscode gibt: »sportlich-elegante Abendgarderobe« ist hier angesagt. Dennoch sollte man die Bar besuchen, und sei es nur, um auf die Toilette zu gehen. Denn über den futuristisch anmutenden Urinalen befinden sich drei große Panoramafenster.

Das Empire Riverside Hotel selbst ist natürlich auch ganz schön; immerhin wurde der britische Architekt für die Fassade und Inneneinrichtung vom Bund Deutscher Architekten und dem Royal Institute of British Architects ausgezeichnet. Dennoch ist das Hotel für St. Pauli vor allem ein Symbol der immer weiter voranschreitenden Gentrifizierung: An der Stelle, wo sich heute das Empire Riverside erhebt, stand von 1863 bis 2003 die berühmte Bavaria-St. Pauli-Brauerei – die Heimat von Hamburgs bestem Bier, dem Astra. Heute wird es von einem dänischen Konzern gebraut. Ausgerechnet.

Adresse Bernhard-Nocht-Straße 97 | **ÖPNV** S1/S3, Haltestelle Reeperbahn; Bus 111, Haltestelle Bernhard-Nocht-Straße | **Öffnungszeiten** So–Do 18–2 Uhr, Fr, Sa 18–3 Uhr | **Tipp** Auch das erstklassige Restaurant »Waterkant« im Empire Riverside mit seiner offenen Showküche lohnt einen Besuch.

26_Das Imperial Theater
Die kriminellste Bühne der Stadt

Das Gebäude am östlichen Ende der Reeperbahn ist ein exzellentes Beispiel für den Wandel der Zeiten auf dem Kiez: Zunächst beherbergte der Bau ein Kino, dann ab den Siebzigern ein Pornokino, und 1994 wurde wiederum ein Theater daraus. Es gab hier eine Reihe Musicals zu sehen, unter anderem eine gefeierte Produktion von »Grease«, außerdem war hier acht Jahre lang der »Quatsch Comedy Club« zu Hause. Doch seine eigentliche Bestimmung fand das »Imperial Theater« erst im Jahr 2001, als man mit »Die Frau in Schwarz« von Stephen Mallatratt zum ersten Mal mit großem Erfolg eine Krimi-Adaption auf die Bühne brachte. Das Stück erwies sich als solch ein Volltreffer, dass die Theaterleitung zwei Jahre später beschloss, ab sofort komplett auf Krimis und Thriller umzusteigen.

Fortan wurden die neuen Fassungen vor allem von Edgar-Wallace-Klassikern zum Markenzeichen des Theaters. Vom »Indischen Tuch« über den »Hexer« bis hin zum »Grünen Bogenschützen« – die immer mit einem Augenzwinkern präsentierten Bühnenfassungen der legendären Krimis, die hierzulande vor allem in den 60er Jahren auf der Leinwand Erfolge feierten, machten das »Imperial« zu einem der erfolgreichsten und am besten ausgelasteten Hamburger Theater. Und zwischendurch gab es, der Abwechslung halber, auch einmal Agatha Christie und Sherlock Holmes. Inzwischen hat man sich übrigens auf einen weiteren Klassiker der populären Kriminalliteratur eingeschossen: Jerry Cotton.

Adresse Reeperbahn 5 | **ÖPNV** U3, Haltestelle St. Pauli | **Öffnungszeiten** telefonischer Kartenverkauf Mo–Fr 10–18 Uhr (das Theater ist notorisch ausverkauft, am besten sichert man sich seine Karten ein paar Monate im Voraus) | **Tipp** Unweit des Theaters liegt am Anfang der Reeperbahn das »Zwick«, der aus »Der Klügere kippt nach« bekannte Ableger der Kultkneipe im Stadtteil Pöseldorf, der einen Teil der riesigen Sammlung seltener Gitarren des Betreibers beherbergt.

27 — Das Indra
Mach Schau!

Am 18. August 1960 erklommen hier fünf Jungs aus Liverpool die Bühne und schrieben (Musik-)Geschichte. Die Beatles waren damals noch zu fünft, mit Pete Best und Stuart Sutcliffe, aber ohne Ringo, der zu jener Zeit bei Rory Storm & The Hurricanes spielte. Von den Hurricanes war der Tipp gekommen, nach Hamburg zu gehen – im Vergnügungsviertel brauchte man immer wieder frische Bands, die die Rock-'n'-Roll-Hits aus den USA spielten. Eigene Songs hatten die Beatles damals noch nicht im Repertoire. In einem Kleinbus, den ihr Manager Allan Williams fuhr, trafen sie in Hamburg ein. George Harrison war erst 17 Jahre alt, die anderen kaum älter.

48 Mal traten die Beatles hier im Indra auf, jeweils viereinhalb Stunden pro Nacht plus Pausen, am Wochenende sechs. 32 Mark pro Nase gab es dafür. Bruno Koschmider, dem das »Indra« gehörte, feuerte sie an mit dem Ruf »Mach Schau!« und gab ihnen Preludin und andere Aufputschmittel, damit sie auch ja durchhielten. Schließlich wollte das Publikum tanzen, und auf die Idee, Platten aufzulegen, war man damals noch nicht gekommen. Das Indra war ursprünglich ein Stripclub gewesen, erst kürzlich hatte Koschmider erkannt, dass sich mit Musik mehr Geld machen ließ. Das war den Beatles indes nicht fremd, in Liverpool waren sie sogar einmal als Lückenfüller zwischen zwei strippenden Frauen aufgetreten. Trotzdem waren sie froh, als sie das Indra hinter sich lassen und in Koschmiders anderem Club auftreten durften: dem »Kaiserkeller«.

Adresse Große Freiheit 64 | **ÖPNV** S1/S3, Haltestelle Reeperbahn | **Öffnungszeiten** Mi–So ab 21 Uhr | **Tipp** Ein weiterer traditioneller Ort, allerdings eine Spur größer, ist das »Grünspan« nebenan, mit Rockkonzerten und -disco unterm Kronleuchter.

28 Der Kaiserkeller
Twist and Shout

Rein technisch gesehen gehört der »Kaiserkeller« zur »Großen Freiheit 36«, und wenn dort am Wochenende Disco ist, dann ist er im Preis mit inbegriffen – durch einen Durchgang links neben dem Eingang kommt man zur Kellertreppe. Mittwochs und donnerstags, wenn das Erdgeschoss geschlossen ist, nimmt man den separaten Eingang. Doch ganz gleich, ob am Wochenende oder wochentags: Hier ist der Rock zu Hause, von Alternative und Indie über Metal bis hin zu Industrial und Gothic. Je nach Wochentag und DJ. Selbst wenn über den Köpfen der hier Tanzenden Schlagerparty ist – im Kaiserkeller wird gerockt.

Dass der Club hier sein eigenes Kapitel bekommt, liegt aber auch an seiner historischen Bedeutung: Er war die zweite wichtige Station der Beatles nach ihrem Engagement im »Indra«. Im Oktober und November 1960 spielten sie im »Kaiserkeller« jede Nacht sechs Stunden lang, im stündlichen Wechsel mit Rory Storm & The Hurricanes, die in ihrer Heimat schon etwas bekannter waren. In diesem Kellerlokal mit seiner morschen Holzbühne, bei der man immer darauf achten musste, wohin man trat, wurden die Beatles endgültig zur lokalen Sensation. Viel zu verdienen gab es indes auch hier nicht, Besitzer Bruno Koschmider galt zu Recht als sparsam, was die Gagen betraf. Dafür lernten sie hier zwei Personen kennen, die für die Bandgeschichte von großer Bedeutung sein würden: Astrid Kirchherr, die ihnen später die legendäre Pilzkopffrisur verpasste, und den Schlagzeuger der Hurricanes, Ringo Starr.

Adresse Große Freiheit 36 | **ÖPNV** S 1 / S 3, Haltestelle Reeperbahn | **Öffnungszeiten** Mi – Sa 22 – 5 Uhr | **Tipp** Raucher können in der stylish eingerichteten »Beatles-Lounge« Fotos der Pilzköpfe bestaunen.

29 _ Die Kersten-Miles-Brücke

Kunst am und unterm Bau

Kaum jemand achtet auf diese schöne Brücke, wenn er darüberläuft. Von unterhalb fällt sie einem schon eher auf, denn von dort sieht man an den Brückensockeln Statuen der berühmten Hamburger Seefahrer Kersten Miles, Simon von Utrecht, Ditmar Koel und Berend Jacob Karpfanger. 1897 wurde die Kersten-Miles-Brücke fertiggestellt. Sie besteht aus Backsteinklinkern, die mit Verkleidungen aus skandinavischem Granit und Mainsandstein verziert sind. Aus diesem roten Sandstein bestehen auch die Statuen.

Doch sie sind nicht die einzige Kunst am Bau hier, wie man erst im Juli 2014 feststellte: Da entdeckte man nämlich bei Bauarbeiten unterhalb der Brücke ein kunstvolles Mosaik, das aus der Gründerzeit zu stammen scheint. Wahrscheinlich war an dieser Stelle ein Wasserbecken angelegt, in das hier im Alten Elbpark ein kleiner Bach floss. Der Verlauf dieses Bachs soll nun, anhand alter Pläne, wieder sichtbar gemacht werden. Doch ausgerechnet an der Stelle des Mosaiks stehen die Überreste eines Bunkers aus dem Zweiten Weltkrieg. Und damit nicht genug: Er war als Zufluchtsort von Obdachlosen bekannt, sodass der damalige Bezirksamtsleiter 2011 erst einen Zaun gegen die ungebetenen Gäste anbringen ließ (was ihm heftige Kritik einbrachte) und dann für etwa 100.000 Euro dort große Pflastersteine und Findlinge platzierte. Und genau diese müssen nun von den Garten- und Bodendenkmalpflegern wieder abgetragen werden. Was komplizierter ist, als sie hinzulegen – und sogar noch teurer.

Adresse Seewartenstraße über der Helgoländer Allee | **ÖPNV** U 3, Haltestelle St. Pauli | **Tipp** Entdecken Sie die Brücke auf einem Spaziergang von der U-Bahn-Haltestelle St. Pauli zu den Landungsbrücken hinunter.

30__Das Lucullus
Wurst und Bier und Leutegucken

Zugegeben, letztlich ist das »Lucullus« nur eine Wurstbude. Aber trotzdem: An diesem Imbiss kommt man nicht vorbei. Beziehungsweise im Gegenteil – hier kommt jeder vorbei. Denn das »Lucullus« liegt am, in touristischer Hinsicht, strategisch besten Standort Hamburgs, an der Ecke Reeperbahn/Davidstraße. Hier gibt es zwar nicht die beste Currywurst der Stadt und auch nicht die knackigsten Pommes frites, man kann sich nicht hinsetzen, und es gibt nicht einmal eine Kundentoilette. Aber man bekommt ordentliche Imbissware, trinkt ein gutes Hamburger Bier und kann hinter der Glasfront stehen und den nicht enden wollenden Menschenstrom beobachten, der sich draußen auf dem Bürgersteig vorbeischiebt. Und zuschauen, wie die Prostituierten an der Längsseite von Burger King auf Kundenfang gehen.

Im »Lucullus« wird indessen im Akkord geschuftet, und das bis in die gar nicht mehr so frühen Morgenstunden – Sonntagmorgen ist eben auch nach sechs Uhr früh noch genug los auf der Reeperbahn. Hier lohnt es sich, den Laden selbst dann geöffnet zu halten, wenn die Las-Vegas-mäßig bunte Neonbeleuchtung auf dem Dach schon längst mit der Sonne um die Wette leuchtet und man in den Hotels rund um die Reeperbahn bereits das Frühstück vorbereitet. Dass der Anteil Betrunkener im Laufe der Nacht immer weiter steigt, ist ein Naturgesetz, doch das Personal vom »Lucullus« geht auch damit professionell um. Leben und leben lassen – typisch St. Pauli eben.

Adresse Reeperbahn 75 | **ÖPNV** S1/S3, Haltestelle Reeperbahn | **Öffnungszeiten** So–Do 11–6 Uhr, Fr, Sa 11–7 Uhr | **Tipp** Wem der Sinn eher nach Döner statt Bratwurst steht, der findet auf dieser Seite der Reeperbahn auf 100 Metern ein halbes Dutzend entsprechende Angebote.

31 Der Michel

Das ewige Wahrzeichen

Nur 700 Meter sind es vom östlichen Ende der Reeperbahn bis zu St. Michaelis, dem »Michel«, einer der fünf Hamburger Hauptkirchen und dem alten Wahrzeichen der Stadt – »alt« nicht nur deshalb, weil der erste Bau dieser Kirche bereits Mitte des 17. Jahrhunderts entstand, sondern weil der Senat mit dem Projekt Elbphilharmonie alles daransetzen will, das alte Wahrzeichen durch ein neues zu ersetzen. Der Bau der Elbphilharmonie in der Hafencity kostet inzwischen so viel, dass ein durchschnittlicher Hamburger 20.000 Jahre arbeiten müsste, um die Summe zu verdienen. Dennoch wünscht man diesem Bau, der seit Kurzem in der NDR-Sendung Hamburg Journal den Michel im Vorspann verdrängt hat, nicht unbedingt das Schicksal dieser Kirche: Zweimal brannte sie nieder, 1750 und 1906, und zweimal musste sie komplett neu aufgebaut werden.

Was wir heute bestaunen, ist also ein Bau des frühen 20. Jahrhunderts. Prominente Architekten wie Fritz Schumacher versuchten damals einen Neubau durchzusetzen, doch der Michel war als Wahrzeichen so stark im Bewusstsein der Hamburger verankert, dass man nicht anders konnte, als den Bau komplett zu rekonstruieren. Der markante 132 Meter hohe Turm (dessen Besteigung sich trotz der Strapazen lohnt) grüßt nach wie vor alle Seeleute, die in den Hafen einlaufen. Und neben seinen moderneren »Geschwistern«, dem Fernsehturm und der Köhlbrandbrücke, ist er aus keinem Hamburg-Panorama wegzudenken. Das muss die Elbphilharmonie ihm erst einmal nachmachen.

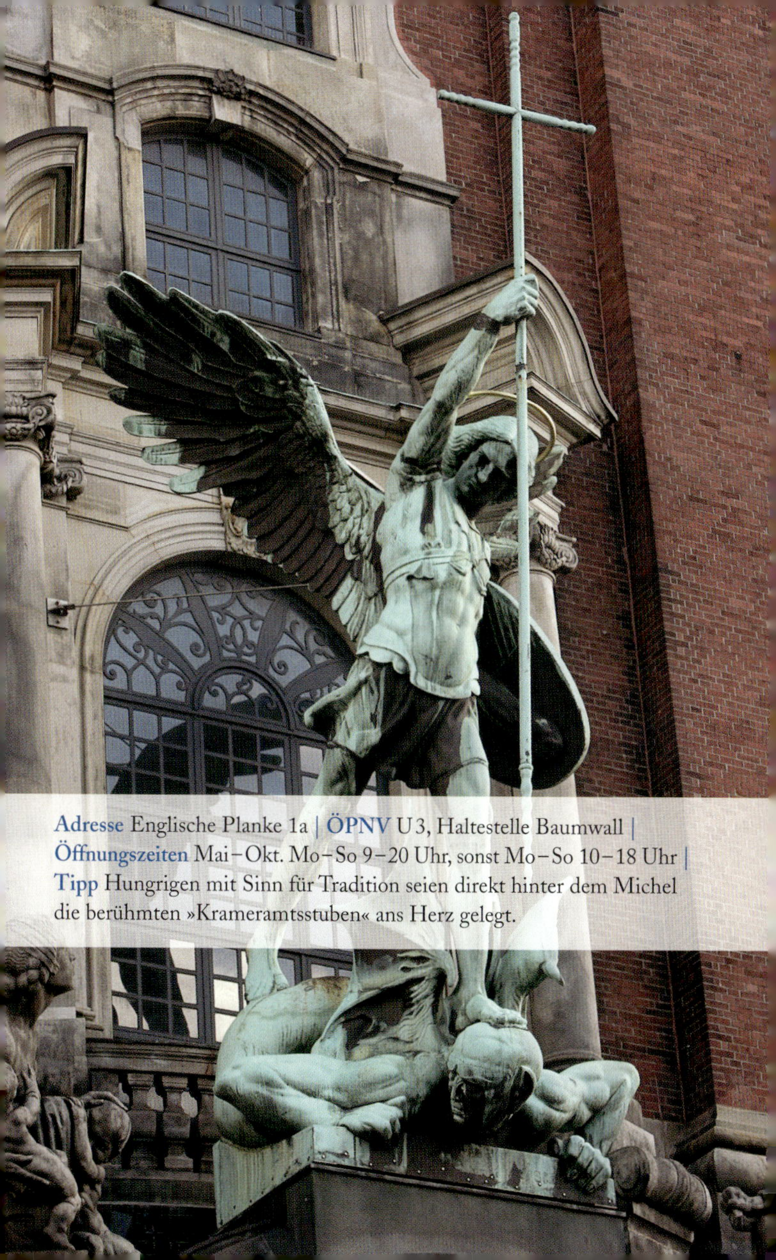

Adresse Englische Planke 1a | **ÖPNV** U3, Haltestelle Baumwall | **Öffnungszeiten** Mai–Okt. Mo–So 9–20 Uhr, sonst Mo–So 10–18 Uhr | **Tipp** Hungrigen mit Sinn für Tradition seien direkt hinter dem Michel die berühmten »Krameramtsstuben« ans Herz gelegt.

32 — Der Mojo Club
Stimmung im Keller

Mit Jazz zum Tanzen fing alles an. Ende der 80er loteten die DJs Oliver Korthals und Leif Nüske in verschiedenen Locations die Grenzen zwischen funkigem Jazz aus den 70ern und Soul und Big-Band-Sounds aus. Die Klänge von Klaus Doldinger, Horst Jankowski, sogar James Brown waren ebenso ungewohnt wie tanzbar, und das Konzept »Mojo Club« fand eine eingeschworene Anhängerschaft. 1991 eröffnete in einer alten Bowlingbahn der eigentliche Club, an einer geschichtsträchtigen Adresse. Bis in die 50er Jahre tanzte man an der Reeperbahn 1 im »Trichter«, einem Tanzlokal, das 150 Jahre lang den Kiez prägte.

Eine Besonderheit des »Mojo Club« war, dass man erst ab 21 Jahren eingelassen wurde. Eine andere die teilweise 100 Meter lange Schlange. Jeder wollte dabei sein, jeder musste einmal drin gewesen sein. Bald etablierte sich am Freitag mit »Electric Mojo« der erste regelmäßige Drum-'n'-Bass-Club der Stadt, bei dem oft Protagonisten des legendären Metalheadz-Labels auflegten. Und für das angeschlossene Café erfand Raphaël Marionneau sein Elektro-Lounge-Konzept »Le Café Abstrait«.

2003 war es dann erst einmal alles vorbei, der Vermieter drängte auf einen Abriss des Gebäudes. 2013 wurde der »Mojo Club« dann wiedereröffnet, auf mehreren Etagen im Keller der gerade fertiggestellten »Tanzenden Türme«. Ein wenig lässt die neue Location den Retro-Charme des Originals vermissen, aber musikalisch ist der »Mojo« nach wie vor über jeden Zweifel erhaben.

Adresse Reeperbahn 1 | ÖPNV U3, Haltestelle St. Pauli | Öffnungszeiten Fr, Sa ab 23 Uhr | Tipp Oberhalb des Clubs, im Erdgeschoss der »Tanzenden Türme«, befindet sich das »Jazz Café«, in dem man sich nach dem Feiern beim Kaffee erholen kann.

33 __ Das Molotow
Laute Livemusik im Exil

Die White Stripes haben hier genauso gespielt wie Billy Talent, die Toten Hosen, Wir sind Helden und Mando Diao – zugegeben, nicht wirklich »hier«, sondern an der ursprünglichen Location, denn im Jahr 2014 musste das »Molotow« umziehen. Sein bisheriger Standort am Spielbudenplatz wurde abgerissen. Ein echtes Politikum war der Abriss der dortigen »Esso-Hochhäuser«, deren Mieter zwangsumquartiert werden mussten. Doch die maroden Häuser waren einsturzgefährdet, das konnte auch die linke Szene nicht wegdiskutieren. Ob aber, was der Bezirkschef nicht ausschließen wollte, die laute Musik aus dem Molotow (mit) schuld an den Rissen im Beton war, darf bezweifelt werden.

Und so musste auch das 1990 eröffnete »Molotow«, inzwischen eine echte Institution der Alternativkultur auf St. Pauli, weichen. Es zog schließlich in den ehemaligen Nobelschuppen »China Lounge« am Nobistor – ausgerechnet, möchte man sagen. Doch auch für das »Molotow« hat sich am neuen Standort einiges geändert: Die Livemusik findet nun nicht mehr in einem stickigen, engen, verschwitzten Keller statt, sondern nunmehr in einem stickigen, engen, verschwitzten Erdgeschoss, bei dem die Band nicht mehr mit dem Rücken zur Wand spielt, sondern buchstäblich im Schaufenster sitzt. Und passten in das »Molotow« zuvor rund 300 Gäste, sind es nun 350. So oder so bleibt es also ein Club für kleine, feine Konzerte, und man kann hier mit etwas Glück die angesagtesten Indie-Acts von morgen entdecken.

Adresse Nobistor 14 | **ÖPNV** S 1 / S 3, Haltestelle Reeperbahn | **Öffnungszeiten** Fr, Sa ab 23 Uhr, bei Konzerten unterschiedlich | **Tipp** Auch die »SkyBar« im Obergeschoss veranstaltet hin und wieder kleine Konzerte und Lesungen.

34_ Der Nachtmarkt
Wochenmarkt mal anders

Dass Supermärkte von 7 bis 22 Uhr geöffnet haben, daran hat man sich ja heute fast schon gewöhnt. Was Hamburg betrifft, so hat der Status der Reeperbahn als touristischer Mittelpunkt der Stadt dazu geführt, dass es hier gleich mehrere Discounter gibt, die ganz regulär am Sonntag geöffnet haben – das gibt es in keinem anderen Wohngebiet der Hansestadt, sondern nur am Flughafen und am Hauptbahnhof.

Doch auch wenn man lieber frische Waren auf dem Wochenmarkt kauft, als zwischen Hollandtomaten und Tiefkühlware zu stöbern, ist man auf St. Pauli nicht auf normale Öffnungszeiten festgelegt: Dafür gibt es hier seit Frühjahr 2007 den »Nachtmarkt«.

Und der wartet gleich mit mehreren Besonderheiten auf: Erstens hat er ab nachmittags um vier bis abends um zehn, im Sommer sogar bis elf geöffnet (daher ja auch der Name). Zweitens kann man hier nicht nur frisches Obst und Gemüse, Brot und Käse, Fisch und Fleisch einkaufen, es gibt auch Stände mit ausgefallenen verzehrfertigen Spezialitäten aus aller Herren Länder. Und drittens gehören zum Markt auch ein Biergarten und Weinstände, die immer wieder von Livemusik beschallt werden, wenn sich hier zu späterer Stunde Musiker oder ganze Bands einfinden. Das kulinarische Angebot runden Sonderaktionen wie ein »Spanferkel-Special« im Mai, der offizielle Start in die Matjessaison im Juni oder ein »Grünkohl-Special« im November ab – und selbstverständlich gibt es auch ein großes »Angrillen« und ein »Abgrillen«.

Adresse Spielbudenplatz | **ÖPNV** S1/S3, Haltestelle Reeperbahn; U3, Haltestelle St. Pauli | **Öffnungszeiten** Mi 16–23 Uhr (April–Sept.), 16–22 Uhr (Okt.–März) | **Tipp** In der Vorweihnachtszeit findet an dieser Stelle »Santa Pauli – Hamburgs geilster Weihnachtsmarkt« statt.

35 — Der Nobiskrug
Ein gepflegtes Pils – wie früher

Am westlichen Ende der Reeperbahn befand sich ab der Mitte des 18. Jahrhunderts ein Stadttor, das die Grenze zu Altona markierte. Mehrere Straßennamen erinnern an dieses Tor, das »Nobistor« genannt wurde, nach der lateinischen Inschrift »Nobis bene, nemini male« (»Uns soll es gut, niemandem schlecht ergehen«). An der Straße Nobistor kann man noch heute einen gusseisernen Grenzpfahl von 1840 bewundern. Dazu gehörte ein Grenzerhäuschen, das zugleich die Lizenz zum Bierausschank hatte, im Volksmund: »Nobishaus«.

Beim »Nobiskrug« handelt es sich zwar nicht um diese Grenzstation, er liegt ein paar hundert Meter südöstlich. Dennoch gibt es wenige Orte auf St. Pauli, die schon so lange existieren wie diese Kneipe, die sich rühmt, die älteste Schankwirtschaft auf St. Pauli zu sein – seit 1895 gibt es das Lokal. Und in gewisser Weise scheint hier die Zeit stehen geblieben zu sein: Schwarz-Weiß-Fotos aus einer besseren Zeit, Modellschiffe aus demselben dunklen Holz wie die getäfelten Nischen, schwere Aschenbecher auf dem Tisch, ein Rettungsring im Fenster. Hierher kommen die wahren St. Paulianer, die Anwohner, von denen einige schon vormittags den Tag mit einem Astra am Tresen begrüßen. Touristen oder hippes Jungvolk gibt es hier nicht. Es ist eben doch ein Unterschied, ob ein angesagter, neuer Laden mit spießig wirkenden Sitzecken und Polstersesseln auf »alt« macht – oder ob eine Gaststätte authentisch altmodisch ist und sich keinem Modediktat unterwirft.

Adresse Lincolnstraße 14 | **ÖPNV** S1/S3, Haltestelle Reeperbahn | **Öffnungszeiten** Mo–So ab 18 Uhr | **Tipp** Wie in anderen Traditionskneipen gilt: Einheimische, die hier am Tresen sitzen, möchten in der Regel ihre Ruhe haben und nicht in Gespräche verwickelt werden.

PROST MAHLZEIT!

36_ Der Nochtspeicher
Kulturinsel im Kommerzmeer

Der Backsteinbau ist über 160 Jahre alt, und in den 1990er Jahren war in den zwei Etagen des historischen Niebuhr-Speichers das »Erotic Art Museum« untergebracht. Später wurde der gesamte Gebäudekomplex, das Bernhard-Nocht-Quartier, von der gemeinnützigen Lawaetz-Stiftung gekauft. Es gibt hier eine Reihe Wohnungen, die die Stiftung vermietet, doch neben bezahlbarem Wohnraum ging es der Stiftung bei ihrer Investition auch darum, ein Kulturzentrum zu schaffen, das diesen Namen tatsächlich verdiente. Wo es nicht, wie sonst so oft auf dem Kiez, nur ums Feiern und Saufen ging.

So entstand schließlich der »Nochtspeicher«, der im Herbst 2013 seine Pforten öffnete, und es ist erstaunlich, wie schnell er sich in der Kulturszene des Stadtteils etabliert hat. Dabei ist den Kuratoren des Projekts, zu denen die umtriebige Hamburger Autorin Tina Uebel zählt, auch und gerade daran gelegen, dass sich im »Nochtspeicher« die Genres und die Altersstufen mischen.

Der Hamburger Independent-Verlag mairisch lässt hier regelmäßig seine Autorinnen und Autoren lesen, es gibt Electro-, Pop- und Jazzkonzerte, Fotoausstellungen, Podiumsdiskussionen, Poetry-Slams, regelmäßige Swing- und Tango-Veranstaltungen, und sowohl das Harbour Front Literaturfestival als auch das Reeperbahn Festival gastieren hier jedes Jahr. Trotz aller Vielfalt können sich die Initiatoren über mangelnden Zuspruch nicht beklagen – im Gegenteil. Sieht so aus, als sei der Versuch geglückt.

Adresse Bernhard-Nocht-Straße 69a | **ÖPNV** S 1 / S 3, Haltestelle Reeperbahn; Bus 111, Haltestelle Bernhard-Nocht-Straße | **Öffnungszeiten** je nach Veranstaltung | **Tipp** Wenn man hier ist, sollte man nicht versäumen, sich den urigen Gewölbekeller anzusehen.

37 — Das Operettenhaus
Symbol und Ursache des Wandels

Eine Operette wurde hier schon lange nicht mehr aufgeführt – das »Operettenhaus« am Spielbudenplatz ist heute eine Musicalbühne. Äußerlich erinnert nichts mehr an den Vorgängerbau – den 1841 eröffneten »Circus Gymnasticus«, der 1878 nach einem Brand als »Central-Halle« neu aufgebaut und 1920 in »Operettenhaus Hamburg« umgetauft wurde. Im April 1986 hatte hier die deutsche Fassung von »Cats« Premiere. Es war eine echte Sensation. Angelika Milster war in den Charts, mit der deutschen Fassung des berühmtesten Songs daraus, und fortan rollten die Reisebusse der Republik nach Hamburg, um die Musicalfans ins »Operettenhaus« zu bringen. Mehr als 15 Jahre lang. Und die Busse haben nicht aufgehört zu rollen: Auf »Cats« folgte unter anderem »Mamma Mia!«, das fast sechs Jahre lief.

Seither haben sich immer mehr Musicals in der Hansestadt angesiedelt – zu den erfolgreichsten zählten das »Phantom der Oper« in der »Neuen Flora« und »Buddy Holly« am Hafen. Doch auch auf der Reeperbahn veränderte sich durch den Erfolg von »Cats« eine Menge. Ein ganz neues Publikum entdeckte die Reeperbahn, und zwar ein etwas konservativeres, als bisher über die »sündigste Meile der Welt« flanierte. Und eines, das gerne ins Theater ging – so entstanden bald sogar ganz neue Häuser wie das »Schmidt Theater« und das »Imperial Theater«. Letzteres war zuvor ein Pornokino – ein bezeichnender Wandel, für den letztlich (auch) »Cats« verantwortlich ist.

Adresse Spielbudenplatz 1 | ÖPNV U 3, Haltestelle St. Pauli | Tipp
Rechts neben dem Operettenhaus kann man eine 70 Meter lange
Leinwand bestaunen, auf der sich das Künstlernetzwerk »Urbanshit«
mit großformatigen Wandgemälden verewigt hat.

38 _ Der Park Fiction
Stadtverschönerung als Gemeinschaftsaufgabe

Wem gehört die Stadt? Um diese Frage dreht sich das politisch-künstlerische Manifest, das 1995 bei der Planung dieses Kunstprojekts verfasst wurde. Einer der Anlässe, die dazu führten, dass »Park Fiction« ins Leben gerufen wurde, war die drohende Schließung des Golden Pudel Clubs. Ein anderer die zunehmende Bebauung des Viertels durch neue Büro- und Wohngebäude, und das, obwohl die Behörde längst eingeräumt hatte, dass es vor Ort zu wenig Grünflächen für die Anwohner gab. Man gründete eine Nachbarschaftsinitiative, der sich mehrere Künstler und soziale Träger anschlossen, und am Ende entstand tatsächlich ein Park.

»Park Fiction« ist ein echtes Gemeinschaftsprojekt: Diverse Ideen der Anwohnerinnen und Anwohner wurden beim Bau umgesetzt. Der Park sollte schließlich keine langweilige Grünfläche mit ein paar Sitzbänken sein. Stattdessen finden sich im »Antonipark« (so der eigentliche Name des Parks – auch wenn sich seither der Projektname »Park Fiction« durchgesetzt hat) unter anderem der gewellte Rasen des »Fliegenden Teppichs«, mehrere künstlich-künstlerische Palmen und ein »Seeräuberinnen-Brunnen«. Wer sagt denn, dass ein Park nicht Spaß machen darf? Dabei ist das Ganze nach wie vor in erster Linie ein politisches Projekt und ein Kunstprojekt – ein im Kollektiv gestalteter öffentlicher Raum, der sich in der Theorie an Joseph Beuys' Konzept der Sozialen Plastik anlehnt – im Jahr 2002 präsentierten die Macher »Park Fiction« auf der »Documenta 11« in Kassel.

Adresse Fischmarkt 19 | **ÖPNV** S 1/S 3, Haltestelle Reeperbahn | **Tipp**
Ein Stück weiter die Straße hinunter liegt der legendäre Hamburger
Fischmarkt, magischer Anziehungspunkt aller Nachtschwärmer, die um
fünf Uhr morgens noch fit genug sind für ein Fischbrötchen oder
unbedingt eine Zimmerpalme mitnehmen möchten.

39 Die Pizzeria Alt Hamburg
Anstellen lohnt sich

Einen Ruhetag kennt man hier nicht, und auch die Öffnungszeiten sind ganz dem Trubel auf dem Hans-Albers-Platz angepasst. Denn die meisten Hamburger wissen: Die beste Pizza zwischen Kneipe und Club gibt es an der rechten Seite des Platzes, im Straßenverkauf der »Pizzeria Alt Hamburg«. Dort, wo sich spätestens ab acht Uhr abends eine Schlange bildet, die bis in die Morgenstunden nicht mehr abreißt.

Daran ist zum einen schuld, dass die Pizza mit drei Belägen nur zwei Euro kostet. Gut, sie ist nicht groß, aber wer von einer nicht satt wird, bestellt eben zwei. Zum anderen schmeckt sie einfach – und das nicht zuletzt wegen des traditionellen Holzofens, in dem jede Pizza binnen nicht mal einer Minute buchstäblich vor den Augen der Wartenden belegt und gebacken wird.

Dass diese Pizzeria nicht »Napoli« oder »Venezia« heißt, liegt einfach daran, dass sie im Erdgeschoss des Hotels »Alt Hamburg« liegt, das sich heute im ersten und zweiten Stock des Hauses befindet. Dieses Hotel hatte es in den zurückliegenden Jahren nicht gerade leicht: 2000, 2005 und 2012 brannte es komplett aus, ein Mann, der mit Zigarette im Bett eingeschlafen war, starb dabei. Stets hatte auch die Pizzeria darunter zu leiden, nicht zuletzt gab es Schäden durch die Löscharbeiten. Das ganze Gebäude musste wegen Einsturzgefahr renoviert werden. Das merkt man der Pizzeria inzwischen glücklicherweise nicht mehr an, und wir wollen hoffen, dass nun bis zum nächsten Brand ein wenig Pause ist.

Adresse Hans-Albers-Platz 6 | **ÖPNV** S 1 / S 3, Haltestelle Reeperbahn | **Öffnungszeiten** Mo–So 12–4 Uhr | **Tipp** Wer durch die Pizza Durst bekommen hat oder die Kalorien wieder forttanzen möchte – ein gutes Dutzend Kneipen, Bars, Pubs und Clubs sind nur einen Steinwurf entfernt. Empfehlenswert: Das »Frieda B.« am Südende des Hans-Albers-Platzes.

40 Der portugiesisch-jüdische Friedhof
Parkjuwel mit Geschichte

Knapp westlich der Reeperbahn, an der Königstraße, liegt ein ganz besonderes grünes Areal, das sich im Besitz der jüdischen Gemeinde Hamburg befindet: einer der ältesten jüdischen Friedhöfe Norddeutschlands, offiziell »Jüdischer Friedhof Altona«. Das Besondere hier ist eine portugiesisch-jüdische Abteilung, wie es sie in dieser Form und Größe sonst nur in Surinam, auf Curaçao und auf Jamaika gibt: Noch heute kann man über 1.600 portugiesische Grabsteine und -fragmente auf dem Friedhof besichtigen. Bereits 1611 wurde der jüdische Friedhof angelegt, und er wuchs immer weiter, bis er 1878 eine Größe von fast zwei Hektar erreichte. Seitdem wurden hier keine Bestattungen mehr vorgenommen, sondern an der Ilandkoppel an der südwestlichen Ecke des großen Ohlsdorfer Friedhofs. 1960 stellte man den von den Nazis teilweise zerstörten jüdischen Friedhof Altona endlich unter Denkmalschutz, und seit einigen Jahren versuchen zahlreiche Wissenschaftler, ihn in die Liste des UNESCO-Weltkulturerbes aufnehmen zu lassen.

2007 wurde der Friedhof nach langwierigen Restaurierungsmaßnahmen wiedereröffnet und ein Besucherzentrum eingerichtet. Doch er birgt sicherlich noch immer Geheimnisse: So entdeckte man hier erst 2014 das Grab eines Prominenten – des Düsseldorfer Tuchhändlers Samson Heine († 1828), Vater des Dichters Heinrich Heine. Bislang hatte man angenommen, dass auch diese Stele in der Nazizeit zerstört worden war, doch sie fand sich wohlbehalten – unter dem Rasen.

Adresse Königstraße 10a | **ÖPNV** S 1/S 3, Haltestelle Reeperbahn/Haltestelle Königstraße; Bus 112, Haltestelle Fischmarkt | **Öffnungszeiten** Di, Do, So 14–17 Uhr (Okt.–März), Di, Do 15–18 Uhr, So 14–17 Uhr (April–Sept.) | **Tipp** Sehr empfehlenswert ist die Führung sonntags um 12 Uhr – außer an jüdischen und sonstigen Feiertagen, im Winter und bei schlechtem Wetter.

41 — Die Prinzenbar
Stuck und Plüsch und Livemusik

Tanzen und Feiern unter Kronleuchter, Discokugel und Stuck aus der Jugendstilzeit: Die Prinzenbar hat ihren ganz eigenen Charme. Der kommt nicht zuletzt daher, dass dieser Laden so klein ist, dass gerade einmal 150 Menschen hineinpassen. In grauer Vorzeit – 1961 – war hier eines der ersten Hamburger Kinos zu Hause, und die Inneneinrichtung, die an die 20er Jahre erinnert, spiegelt wider, wie alt diese Lokalität eigentlich ist. Auch wenn die »Prinzenbar« erst seit etwas über 20 Jahren hier residiert.

Rein technisch gesehen ist die Bar ein Anhängsel des großen Liveclubs »Dock's« am Spielbudenplatz. Wenn im »Dock's« am Wochenende Disco ist, gelangt man von dort aus in den kleinen Club, wenn nicht, muss man sich dem Gebäude von der anderen Seite aus nähern, über die Kastanienallee. Doch es ist allemal empfehlenswerter, die »Prinzenbar« zu besuchen, wenn man sie von der Rückseite aus betritt – bei Konzerten zum Beispiel oder wenn ein besonderer DJ auflegt. Hier geben sich die Indie-Bands quasi die Klinke in die Hand, und man kann für kleines Geld manche Entdeckung machen, zumal in einem gemütlichen Rahmen, den man fast schon familiär nennen kann. Manche, die hier spielten, kamen später ganz groß heraus, und hin und wieder steht ein Promi wie Smudo oder Tim Mälzer hinter den Plattentellern. Am Wochenende darf man die »Prinzenbar« dann übrigens getrost wieder den Massen überlassen, die aus dem »Dock's« hier einfallen.

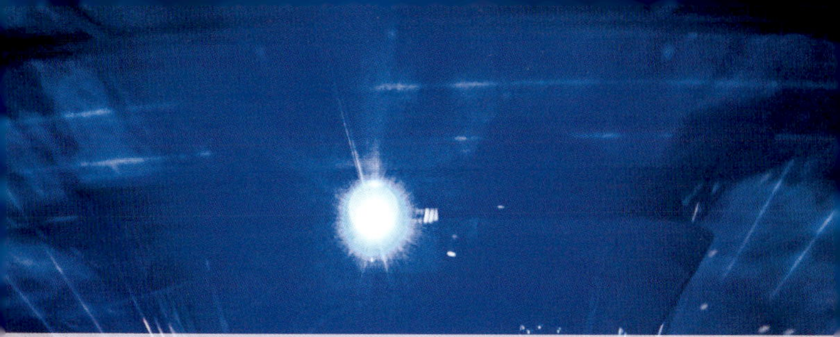

Adresse Kastanienallee 20 | **ÖPNV** U3, Haltestelle St. Pauli; S1/S3, Haltestelle Reeperbahn | **Öffnungszeiten** Do 21–0 Uhr, Fr, Sa 22–3 Uhr | **Tipp** Wer mehr den Paartanz sucht: Gegenüber, im »La Yumba«, kann man freitags argentinischen Tango tanzen.

42 Das Pulverfass
Dragqueens und Menstrip

Im selben Jahr, als Jean Poiret sein Theaterstück »Ein Käfig voller Narren« auf die Bühne brachte, öffnete das Pulverfass seine Pforten, und auch hier traten Männer in Frauenkleidern auf, nach dem noch heute gepflegten Motto: »Ob Mann oder Frau, wer weiß es genau?« Das war 1973, und die Travestiekunst war noch weit entfernt davon, gesellschaftliche Akzeptanz zu finden. Gründer Heinz-Diego Leers erzählte später, er habe eigentlich eine Schwulendisco aufmachen wollen. Zur Eröffnungsparty engagierte er zwei Travestiekünstler, »und deren Auftritt kam so gut an, dass ich aus der Disco ein Varieté gemacht habe«, so Leers. Es gab (und gibt) in Hamburg nichts Vergleichbares, und schnell avancierte das Cabaret zur weit über die Stadtgrenzen hinaus bekannten Sensation. Doch Leers ruhte sich nicht auf den Lorbeeren aus: Damals wie heute stellt er jeden Monat eine komplett neue Show auf die Beine.

Ursprünglich war das Etablissement in Hamburg-St. Georg angesiedelt, am Pulverteich, der ihm seinen Namen gab. Erst im Jahr 2001 zog es an die Reeperbahn um, in die Räumlichkeiten des gerade pleitegegangenen »Oase«-Kinos, des letzten überlebenden Kinos an der Reeperbahn. St. Georg war den Betreibern inzwischen nicht mehr touristisch genug – die Laufkundschaft fehlte. Und an dieser hat es an der Reeperbahn nun wirklich keinen Mangel. Heute zeigt das Pulverfass eine Mischung aus Gesangsnummern, Comedy und Menstrip, auf Wunsch mit einem kompletten am Tisch servierten Menü.

Adresse Reeperbahn 147 | **ÖPNV** S 1 / S 3, Haltestelle Reeperbahn | **Tipp** Wer selbst ins Rampenlicht möchte: Jedes Jahr veranstaltet das Pulverfass einen Travestie-Nachwuchswettbewerb.

43 __ Das Schmidt Theater
Ein moderner Klassiker

Auf St. Pauli war schon immer für alle Platz, auch für ein Lokal namens »Zillertal« – ausgerechnet, möchte man sagen. Dort gab es »Musi und Gaudi« mit echter Blaskapelle, und es war tatsächlich eine Institution an der Reeperbahn, von 1925 bis 1990. Vor dem »Zillertal« residierte am Spielbudenplatz 28 das »Kaffeehaus Tivoli«, davor das »St. Pauli Tivoli Concerthaus« sowie, ab 1908, ein »Theater lebender Photographien« – eines der ersten Kinos hier. Doch zurück zum »Zillertal«: Das schloss 1990 seine Pforten, als nebenan bereits seit zwei Jahren das frischgebackene »Schmidt Theater« residierte, und Betreiber Corny Littmann sicherte sich das Nebengebäude mit der langen Geschichte, um eine zweite, größere Bühne zu eröffnen, das »Schmidts Tivoli«.

Anfang der 90er Jahre wurde das »Schmidt Theater« überregional bekannt durch die »Schmidt-Show«, die einmal im Monat vom NDR übertragen wurde und mit ihren Figuren wie »Herrn Schmidt« (Littmann), »Lilo Wanders«, »Herrn Holm« und »Frau Jaschke« bald Kultstatus genoss. Noch heute kann man sich hier jeden Freitag und Samstag die daran angelehnte »Schmidt Mitternachtsshow« zu Gemüte führen, mit wechselnden Comedians. Leider hielt das Theater selbst nicht so lange durch – beziehungsweise das Gebäude: Es war baufällig und musste 2004 abgerissen werden. Immerhin gelang es den Besitzern, im Inneren des bereits ein Jahr später eröffneten Neubaus die plüschig-samtige Gemütlichkeit des Originals beizubehalten.

Adresse Spielbudenplatz 24–25 | **ÖPNV** U3, Haltestelle St. Pauli; S1/S3, Haltestelle Reeperbahn | **Öffnungszeiten** Kartenverkauf Mo–So 11–19 Uhr | **Tipp** Das Kiez-Musical »Heiße Ecke« läuft seit 2003 im »Tivoli« und ist mit fast zwei Millionen Zuschauern das momentan erfolgreichste Musical Deutschlands.

44_ Schuh Messmer

Wo der schöne Mischa seine Stiefel kaufte

Das bekannteste Zuhälterkartell auf dem Kiez der 80er war die »GMBH«, zu der der »schöne Mischa« Luchting gehörte, der einen perlmuttfarbenen Rolls-Royce Silver Shadow fuhr und immer die teuersten Uhren und die schicksten Schuhe trug. Zur selben Zeit, als die »GMBH« begann, den Markt mit der käuflichen Liebe auf St. Pauli zu kontrollieren, übernahm Susan Lawrence die Geschäftsführung des ältesten Schuhgeschäfts der Stadt: »Schuh Messmer« auf der Reeperbahn. Seit über 165 Jahren gibt es den Laden, und er wusste sich immer wieder den Erwartungen der Käufer im Rotlichtmilieu anzupassen. So findet man nirgendwo sonst in der Stadt eine so große Auswahl an extrem hohen High Heels und Overknee-Stiefeln. Der »schöne Mischa« ist nur eine von zahllosen Kiezberühmtheiten, von denen Lawrence zu erzählen weiß. Sie waren alle ihre Kunden.

Inzwischen gibt es die »GMBH« nicht mehr – 1982 fand man die Leiche des »schönen Mischa« im Wald südlich von Hamburg, zur Beerdigung erhielt er ein Blumengesteck in Form seines geliebten Rolls-Royce. Nach ihm kamen andere – die »Nutella-Bande«, Albaner, »Hell's Angels«, die »Marek-Bande« … Sie kamen und gingen, und viele von ihnen kauften auch weiterhin bei »Schuh Messmer« ein. Inhaberin Susan Lawrence aber betreibt noch immer ihr Geschäft – sie hat ihre »berühmten« Kunden alle überlebt und hat ihre Erfahrungen und Anekdoten inzwischen sogar in Buchform veröffentlicht. Der Titel: »Reeperbahngeflüster – Pikante Geschichten von Nr. 77«.

Adresse Reeperbahn 77–79 | **ÖPNV** S 1/S 3, Haltestelle Reeperbahn | **Öffnungszeiten** Mo–Fr 11–21 Uhr, Sa 10–22 Uhr, So 14–20 Uhr | **Tipp** Gegenüber auf dem Spielbudenplatz oberhalb der Davidwache kann man sich von April bis September im Biergarten Livemusik anhören, in den »Sommergärten«.

45 Die St.-Josephs-Kirche
Der Katholiken große Freiheit

Die Barockfassade aus rotem Backstein wirkt hier, im Zentrum des Touristenstroms und der Vergnügungsbetriebe, fast fehl am Platz. Vielleicht sieht man sie deshalb so oft im »Großstadtrevier« der ARD. Doch genau wie die Reeperbahn die größte Besucherdichte aller Hamburger Straßen aufweist, ist auch die St.-Josephs-Kirche ein Ort der Superlative: Sie war das erste nach der Reformation gebaute katholische Gotteshaus in ganz Nordeuropa, und sie beherbergt noch heute die älteste katholische Kirchengemeinde Norddeutschlands.

Dabei hat der Name der Straße, an der diese Kirche liegt, direkt mit der Geschichte des Gotteshauses zu tun: Große Freiheit. Hier verlief die Grenze zwischen Hamburg und Altona, als Altona zum Herzogtum Holstein gehörte und damit der dänischen Krone unterstand. 1658 verliehen die Dänen Altona das Privileg der Gewerbe- und Religionsfreiheit, und binnen weniger Jahre errichtete die bereits seit Ende des 16. Jahrhunderts bestehende katholische Gemeinde Altona die St.-Josephs-Kirche. Bereits 1713 brannte sie im Krieg nieder, wurde wieder aufgebaut; 1944 wurde sie zerbombt, und in den 50er Jahren wurde sie wieder aufgebaut – allerdings nicht vollständig: Man restaurierte nur die Fassade. Der Innenraum wurde erst 1977/78 in den Zustand des 18. Jahrhunderts zurückversetzt. Nichtsdestotrotz lohnt sich ein Besuch nicht nur wegen der historischen Bedeutung, sondern auch wegen des restaurierten Kircheninneren und des imposanten Altars.

Adresse Große Freiheit 43 | **ÖPNV** S1/S3, Haltestelle Reeperbahn | **Öffnungszeiten** tagsüber | **Tipp** Ein schönes Kontrastprogramm zum Kirchenbesuch ist die »Thai Oase« genau gegenüber, eine traditionelle Karaoke-Bar.

46 — Die St.-Pauli-Kirche

Lampedusa in Hamburg

Im Sommer 2013 geriet diese Kirche in die Schlagzeilen, als sie 80 Lampedusa-Flüchtlingen Zuflucht bot, die abgeschoben werden sollten. Unter Mitwirkung der Flüchtlinge aus Afrika fand vor Ort eine Ausstellung statt und später eine Aufführung von Elfriede Jelineks »Die Schutzbefohlenen« im Schauspielhaus. Das Projekt erfuhr große Unterstützung von den Anwohnern, und als sich der Senat weigerte, die Menschen erneut in sein Winternotprogramm aufzunehmen, kam es zu Protestaktionen und immer größeren Demonstrationen. Für ihr Engagement erhielten die Kirchengemeinde und ihre Pastoren den Helmut-Frenz-Preis – das Schicksal der verbleibenden Flüchtlinge ist noch immer ungewiss.

Soziales Engagement hat in der St.-Pauli-Kirche eine lange Geschichte: Clemens Schultz, der um 1900 der Pastor der Kirche war, gilt als Urvater der kirchlichen Jugendarbeit, wie wir sie heute kennen. Er kümmerte sich damals vor allem um die soziale Betreuung junger Arbeiter und Lehrlinge, und er richtete einen heute noch existierenden Kindergarten ein.

Die Kirche selbst entstand 1819/20 am Standort eines Gotteshauses im Fachwerkstil, das von Napoleons Truppen zerstört worden war, der Kirchturm wurde dann in den 1860er Jahren errichtet. Eine besondere Gelegenheit, den Kirchenbau kennenzulernen, ist das jeden September stattfindende Reeperbahn Festival: Dann spielen hier in der Kirche internationale Independent- oder Avantgarde-Acts – ein ganz besonderes akustisches Erlebnis.

Adresse Pinnasberg 80 | **ÖPNV** S 1/S 3, Haltestelle Reeperbahn | **Öffnungszeiten** Di, Mi 13–16 Uhr, Fr 10–13 Uhr | **Tipp** Von hier aus kann man die berühmt-berüchtigte Hafenstraße erkunden, wo sich in den 80er Jahren die Hausbesetzer Straßenschlachten mit der Polizei lieferten. Heute gehören die bunten Häuser einer Genossenschaft.

47 __ Das St. Pauli Museum
Aus Geschichten wird Geschichte

St. Pauli hat viele Geschichten zu erzählen, viel mehr als man in einem Büchlein wie diesem auch nur anreißen kann. Deshalb ist es gut und wichtig, dass der Kiez dafür eine eigene Einrichtung besitzt: das St. Pauli Museum. Von der dänischen Herrschaft und der französischen Besatzung erzählt die Dauerausstellung, von der Reeperbahn im Dritten Reich, von Matrosen, Prostituierten und Luden, von Simon von Utrecht und von Hans Albers, von Gangsterbanden und Vergnügungssüchtigen. Es ist ein durchweg informativer Rundumschlag, der genauso die Geschichte Hamburgs ab dem Mittelalter widerspiegelt wie die Entwicklung der Sexindustrie und vieles mehr.

Gegründet wurde das Museum 1988 von Günter Zint, schon damals selbst eine Legende auf dem Kiez – er war Fotograf für »Stern« und »Spiegel«, gründete die legendären »St. Pauli Nachrichten« und fotografierte viel im »Star-Club«. Seit über 50 Jahren dokumentieren seine Bilder einen Stadtteil, der seit jeher einem ständigen Wandel unterliegt. Klar, dass man im Museum zahlreiche Aufnahmen von ihm zu sehen bekommt. Insgesamt befinden sich mehrere Millionen (!) Fotos und zeitgeschichtliche Dokumente in den Archiven des Museums, die Ausstellung wird also noch lange Zeit abwechslungsreich bleiben. Und doch hat das Museum noch mehr zu bieten: wechselnde Kunstausstellungen und Lesungen mit Kiezbezug sowie hin und wieder Liveauftritte (noch) wenig bekannter Musiker und Bands.

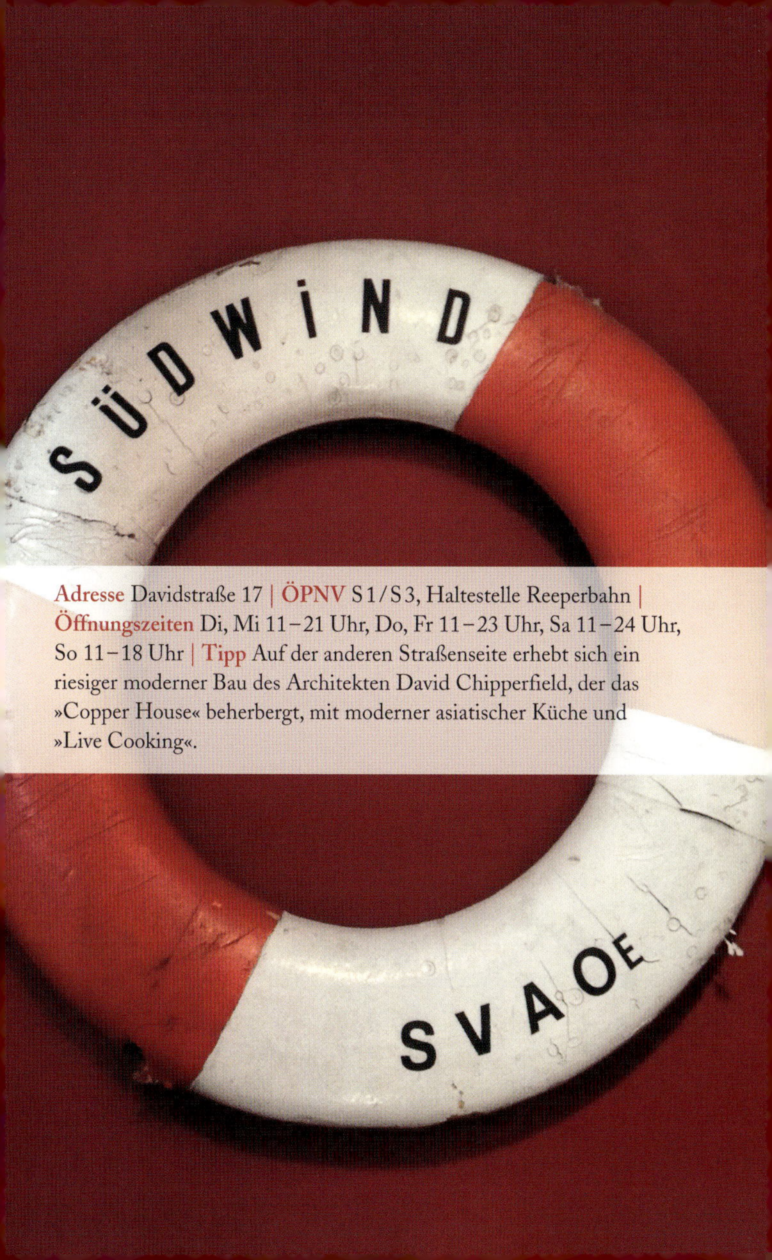

Adresse Davidstraße 17 | **ÖPNV** S 1/S 3, Haltestelle Reeperbahn | **Öffnungszeiten** Di, Mi 11–21 Uhr, Do, Fr 11–23 Uhr, Sa 11–24 Uhr, So 11–18 Uhr | **Tipp** Auf der anderen Straßenseite erhebt sich ein riesiger moderner Bau des Architekten David Chipperfield, der das »Copper House« beherbergt, mit moderner asiatischer Küche und »Live Cooking«.

48__Das St. Pauli Theater
Eine Bühne mit Geschichte

Keine andere Bühne auf St. Pauli ist so alt wie dieses Theater. 1841 öffnete es seine Pforten, und auch wenn die heute denkmalgeschützte Fassade später neu gestaltet wurde, so stammt sie doch immerhin aus dem Jahr 1898. Das St. Pauli Theater hieß zunächst »Urania-Theater«, wurde schon nach wenigen Jahren in »Actien-Theater« umbenannt, weil die Eigentümer finanziell ins Schlingern kamen und den Betrieb kurzerhand in eine Aktiengesellschaft umwandelten. Danach nannte es sich noch ein paar Jahre, unter neuem Besitzer, »Varieté-Theater«. Bis das Haus 1884 wieder den Besitzer wechselte und nach seinem neuen Eigentümer »Ernst Drucker Theater« hieß.

Das Konzept von Ernst Drucker ging auf: norddeutsche Volksstücke, ähnlich wie man sie später im »Ohnsorg-Theater« sah – das kam beim Publikum an. Der größte Erfolg des Hauses war über viele Jahre ein Stück über ein berühmtes Hamburger Original, die »Zitronenjette«. 50 Jahre lang wurde das Theaterstück immer wieder aufgeführt, auch noch, als das Haus bereits wie heute »St. Pauli Theater« hieß. Verantwortlich für die Namensänderung waren die Nazis, denen erst 1941 auffiel, dass der Impresario Ernst Drucker Jude gewesen war und sein Name zu verschwinden hatte. Besonderen Einfallsreichtum bewiesen sie bei der Wahl des neuen Namens nicht, aber das hätte wohl auch niemand erwartet. Seit ein paar Jahren liest man an der Fassade immerhin den Zusatz »ehemals Ernst Drucker Theater«. Eine Umbenennung wäre konsequenter.

Adresse Spielbudenplatz 29–30 | **ÖPNV** S1/S3, Haltestelle Reeperbahn | **Öffnungszeiten** Kartenverkauf Mo–Sa 10–19 Uhr, So 14–19 Uhr | **Tipp** Im Rahmen des Reeperbahn Festivals (September) kann man vorm Theater auf dem Spielbudenplatz zahlreiche Bands gratis genießen.

49 ___ Strips & Stories
Das Graphic-Novel-Paradies

Es mag auf den ersten Blick so aussehen, aber dies ist keine Buchhandlung. Die Regale sind zwar voll mit bunten, schmalen Pappdeckeln, aber Romane oder Kochbücher sucht man hier vergebens; Comics wie »Superman« oder »Peanuts« allerdings ebenso: »Strips & Stories« ist ein inhabergeführtes Graphic-Novel-Geschäft, eines der ganz wenigen überhaupt. Seit man auch hierzulande Bildergeschichten mit durchgehender Handlung »Graphic Novels« nennt, boomt das Genre – wenn auch eher in künstlerischer Hinsicht denn was die Verkaufszahlen angeht. Umso bemerkenswerter, wenn es Menschen gibt, die von dem Genre so begeistert sind, dass sie ihm ihre ganze Energie widmen – in diesem Fall aber nicht am Zeichen-, sondern am Ladentisch. 2010 eröffnete Hans Ebert »Strips & Stories«, nachdem er längere Zeit in Montreal verbracht hatte, wo er das Ladengeschäft des bekannten Indie-Verlags Drawn & Quarterly entdeckt hatte – »ein Comicladen, der aussieht, als wäre er ein Buchladen«. Zurück in Deutschland beschloss er, das Konzept aufzugreifen.

Aber auch hier macht die Gentrifizierung nicht halt. Das Haus, in dem »Strips & Stories« residiert, hat wie so viele in der Gegend vor Kurzem den Eigentümer gewechselt; der Mietvertrag ist zwar unbefristet, aber kündbar. Wünschen wir Hans Ebert dennoch das Beste. Denn »Strips & Stories« ist nicht nur der einzige Laden seiner Art auf dem Kiez, sondern in ganz Hamburg. Übrigens: Auf den bunten Zetteln hinter der Kasse haben sich diverse Comiczeichner verewigt.

Adresse Seilerstraße 40 | ÖPNV S1/S3, Haltestelle Reeperbahn | Öffnungszeiten Di–Fr 12–19.30 Uhr, Sa 11–18 Uhr | Tipp Ein Eis gefällig? Gleich um die Ecke in der Detlev-Bremer-Straße lockt »Luicella's Ice Cream« mit Cheesecake-Himbeer oder Karamell-Salz-Toffee.

50_ Die Tanzenden Türme

Die X-Beine vom Kiez

Es gab viel Kritik, als dieses Bauvorhaben durchgesetzt wurde. Ein Hochhaus aus Glas und Stahl auf dem Kiez? Und dann noch ausgerechnet direkt am Anfang der Reeperbahn, mit der Hausnummer 1? Immerhin war Stararchitekt Hadi Teherani, der den Bau entwarf, clever genug, sich für Hamburgs Vergnügungsviertel etwas ganz Besonderes auszudenken: Die beiden Türme des Bürogebäudes sind leicht schräg und an unterschiedlichen Stellen »eingeknickt«, was sicherlich ein wenig verspielter wirkt, als es zwei gerade Betonklötze täten. Der Volksmund nennt sie deshalb auch »Tanzende Türme«. Bemerkenswert war die Antwort des Architekten, was diese Türme denn darstellen sollen: Das seien entweder »Mann und Frau, die sich zum Tango bewegen«, so Teherani, aber »vielleicht auch die X-Beine einer Prostituierten, die auf dem Kiez nach Freiern Ausschau hält«.

Trotz des außergewöhnlichen Aussehens schlugen die Wellen hoch, als der Bau entstand. Anwohner, Künstler und die Hamburger Grünen kritisierten die Kommerzialisierung – und dass es keinen Wohnraum in den Türmen gab, der gerade auf St. Pauli dringend benötigt wird. Tatsächlich gibt es in den Türmen fast ausschließlich Büros. Und Hamburgs höchstgelegenes Restaurant mit dem passenden Namen »Clouds«. Doch wie nicht anders zu erwarten können es sich nicht allzu viele alteingesessene St. Paulianer leisten, hier zu essen. Highlight ist das »perfekte Ei« – eine Stunde lang bei 56 Grad gegart (ab 18,50 Euro).

Adresse Reeperbahn 1 | **ÖPNV** U3, Haltestelle St. Pauli | **Tipp**
Unter den Tanzenden Türmen befindet sich ein riesiges Parkhaus – wer es partout nicht lassen kann, mit dem Auto auf den Kiez zu fahren, hat hier oft noch gute Chancen, sein Auto loszuwerden.

51 Die Volxküche

Staatlich anerkannter Unruheherd

Der große Aufreger in der Mitte der 80er Jahre in Hamburg war die Hafenstraße am Südrand des Kiezes oberhalb des Hamburger Hafens. Um ein Dutzend Häuser ging es, die die zuständige Wohnungsbaugesellschaft SAGA seit den 70ern planmäßig verfallen ließ. Doch dem Plan, sie abzureißen und die Flächen an Spekulanten zu verkaufen, machte 1981 eine bunt zusammengewürfelte Gruppe aus Intellektuellen, Künstlern, Ökos, Anarchos und anderen Establishment-Gegnern einen Strich durch die Rechnung: Die Häuser wurden »instandbesetzt«, Barrikaden wurden errichtet, und in den folgenden Jahren kam es immer wieder zu Straßenschlachten mit der Polizei. Die Hafenstraße wurde zum Synonym für den Widerstand gegen das als ungerecht empfundene staatliche System und zum Schreckgespenst für den Hamburger Kleinbürger, der hier vor allem Unterstützer der RAF witterte.

Bis 1988 gingen die Auseinandersetzungen, dann gelang es Senat und Hausbesetzern, einen Mietvertrag auszuhandeln. An die »wilde Zeit« der Straße erinnern heute die vielen Transparente, die hier aus den Fenstern hängen, und eine Einrichtung, die in den 80ern entstand, um die »Kämpfer« für kleines Geld zu verköstigen: die »Volxküche«, wo man im Kollektiv zusammen kochte und das Essen zum Selbstkostenpreis abgab. Als Institution hat die »VoKü« heute jedoch nicht weniger Daseinsberechtigung als damals. Dass man dort inzwischen vegane und vegetarische Speisen serviert, versteht sich quasi von selbst.

Adresse St. Pauli Hafenstraße 116 | **ÖPNV** S1/S3, Haltestelle Reeperbahn; Bus111, Haltestelle Bernhard-Nocht-Straße | **Öffnungszeiten** Mo, Di (außer 1.Woche im Monat) ab 20 Uhr, Mi, Do ab 20 Uhr, Fr ab 19 Uhr | **Tipp** Freitags findet hier der Filmclub »Moderne Zeiten« statt und zeigt engagierte Spielfilme und Dokumentationen.

52 — Die Washington Bar

Von Freddy Quinn zu den Ramones

In dieser Kneipe begann Mitte der 50er Jahre die Karriere eines gewissen Manfred Nidl-Petz, der hier in englischer Sprache für Touristen aus Übersee sang. Die Gitarre hatte er sich von einem Freund geborgt. Der spätere Kult-Regisseur Jürgen Roland war damals als Talentscout für die Plattenfirma Polydor tätig und vom Talent des 22-jährigen Manfred, der schon früher in Fürth vor amerikanischen GIs aufgetreten war, sofort überzeugt. Polydor schickte den gebürtigen Wiener auf die Hamburger Musikhochschule, und schon zwei Jahre später hatte er mit »Heimweh« seinen ersten Nummer-eins-Hit – und einen neuen Namen: Freddy Quinn. Noch heute erinnert die Einrichtung der »Washington Bar« an ihre mehr oder weniger glanzvollen Anfänge. Doch Samtvorhänge und Hirschgeweihe passen kaum zur Musik aus den Lautsprechern – statt Quinn'scher Schnulzen überwiegen heute klassischer New York Punk und aktuelle Gitarrenbands.

Übrigens bedankte sich Freddy Quinn später bei der Bar, die seinen Erfolg begründete, auf ganz besondere Weise: mit einem Lied. In »Cigarettes and Whisky« singt er: »Woher ich auch kam und wohin ich auch ging / Ich fand überall einen Platz für 'nen Drink / Doch den besten und feinsten, das war mir bald klar / Den gab's bei den Girls in der Washington Bar«. Da das Lied ansonsten im Wilden Westen spielt, wird man wohl außerhalb Hamburgs kaum geahnt haben, dass »seine« Washington Bar in einer Seitenstraße zwischen Reeperbahn und Hafen lag.

Adresse Bernhard-Nocht-Straße 79 | **ÖPNV** S1/S3, Haltestelle Reeperbahn; Bus 111, Haltestelle Bernhard-Nocht-Straße | **Öffnungszeiten** Do 20–4 Uhr, Fr 21–4 Uhr, Sa 21–6 Uhr | **Tipp** Im Rahmen der Veranstaltungsreihe »Washington, wir müssen reden …« geben Local Heroes wie Knarf Rellöm den Zuhörern Einblicke in die Hamburger Subkultur.

53 Das Wohnhaus von Woo Lie Kien

Gedenken an ein Nazi-Opfer

Die meisten »Stolpersteine« befinden sich vor den Häusern deportierter Juden. Dieser nicht: Er trägt den Namen eines Chinesen. Anfang des 20. Jahrhunderts gab es auf St. Pauli das »Chinesenviertel«. Rund 100 Chinesen hatten sich hier angesiedelt, zumeist ehemalige Seeleute – auf deutschen Schiffen war in den 20er Jahren jeder zehnte Matrose Chinese. Einer von ihnen war Woo Lie Kien. Als sein Dampfer 1926 in Hamburg anlegte, war er mit 40 Jahren schon ziemlich alt für einen Heizer. Woo ließ sich auf dem Kiez nieder und zog in das Haus Schmuckstraße 7, gleich neben einer Kneipe, in der sich die chinesischen Seeleute trafen. Zehn Jahre später war er dort der neue Wirt. Dabei musste er sich immer wieder mit rassistischen Vorurteilen herumschlagen. Viele glaubten, alle Chinesen würden mit Opium handeln.

Am 13. Mai 1944 führte die Gestapo auf St. Pauli eine Razzia durch und verschleppte alle Chinesen ins Polizeigefängnis nach Fuhlsbüttel. Man griff auch rund ein Dutzend deutsche Freundinnen von Chinesen auf, und sie kamen später, wie rund 70 der Chinesen, in ein Arbeitslager in Wilhelmsburg. Woo Lie Kien schaffte es nicht mehr dorthin – er wurde bereits in Fuhlsbüttel von der Polizei totgeschlagen. In Wilhelmsburg fanden im Laufe des folgenden Jahres 17 weitere Chinesen den Tod. An sie und die anderen Verfolgten erinnert heute eine Gedenktafel an der Schmuckstraße. Und der ins Pflaster eingelassene Stein mit dem Namen Woo Lie Kien.

Adresse Schmuckstraße 7 | ÖPNV S1/S3, Haltestelle Reeperbahn | Tipp Eine Liste aller Hamburger Stolpersteine mit vielen Biografien gibt es auf www.stolpersteine-hamburg.de.

54 Die Zuckermonarchie
Frischer Wind am Torten-Tresen

Ein Traum in Pastell: Die »Zuckermonarchie« ist das Kleinod unter den Konditorei-Cafés auf St. Pauli. Ein solches Kleinod, dass man oft ein wenig warten muss, bis ein Platz frei wird. Ursprünglich war es ein »süßer« Cateringservice, bis Inhaberin Denise Trage 2013 dieses kleine Café im Erdgeschoss eines Altbaus eröffnete. Hier ist alles selbst gemacht, von den raffinierten Torten, Tartes und Törtchen bis hin zum kleinen Herzchen aus Mürbeteig, das man auf der Untertasse des Latte macchiato serviert. Dabei hat man immer die neuesten Trends der Konditorszene im Auge, um neue, phantasievolle Produkte zu kreieren. Und auch die Zutaten sind sorgsam ausgewählt: So verwendet man in der Zuckermonarchie zum Backen ausschließlich Bio-Eier, und Aromen oder Farbstoffe kommen gar nicht in den Teig. Doch nicht nur zum Kaffeeklatsch trifft man sich hier, in der Zuckermonarchie kann man auch wunderbar frühstücken – Spätaufsteher dürfen samstags bis halb drei bestellen. Besonders empfehlenswert: das Frühstück »Katharina die Große« für zwei, auf einer dreistöckigen Étagère serviert.

Im Sommer 2015 soll das Café übrigens vergrößert werden, das Ladenlokal daneben wird mit angemietet. Bleibt zu hoffen, dass dann auch für mehr Nachschub aus der Backstube gesorgt wird – denn schon jetzt ist der Kuchen- und Torten-Tresen am frühen Nachmittag oft schon halb leer gekauft. Kein Wunder: Die Himbeer-Cake-Pops, Mousse-Törtchen und Macarons schmecken einfach zu gut.

Adresse Taubenstraße 15 | **ÖPNV** S 1/S 3, Haltestelle Reeperbahn | **Öffnungszeiten** Do–So 11–19 Uhr | **Tipp** Eine kleine, feine Bar, die man auch mieten kann, ist die »Weiße Maus«, nur ein paar Hauseingänge weiter.

55 __ Zur Ritze

Treffpunkt der Halbwelt

Die »Ritze« ist eine ebenso wichtige Institution auf dem Kiez wie die Davidwache, nur gewissermaßen ihr Gegenteil: Hier trafen sich lange Zeit die »schweren Jungs« der Hamburger Halbwelt. Nur wer einen gewissen Status hatte, durfte in den abgetrennten hinteren Bereich des Etablissements – und in den Keller: Wirt Hanne Kleine († 2011), seines Zeichens ehemaliger DDR-Profiboxer, hatte bald nach Eröffnung der »Ritze« Anfang der 1970er Jahre die alte Tiefgarage mit einem Boxring ausgestattet. Hier trainierten nicht nur berühmte Boxer wie Henry Maske, hier wurden auch Streitigkeiten zwischen Luden geklärt – im alten Stil, nämlich mit den Fäusten. Vor allem in den 70ern gingen hier Kiezgrößen wie Sachsen-Franky oder Chinesen-Fritz ein und aus – und manche ließen hier ihr Leben, als die Gangster dazu übergingen, ihre Meinungsverschiedenheiten nicht mehr nur mit Fäusten im Boxring auszutragen, sondern mit Waffen. Besonders erschütterte den Kiez der Tod des Zuhälters Stefan Hentschel: Er erhängte sich 2006 im Keller der »Ritze« am Haken eines Sandsacks.

Es ist bezeichnend, dass heute keiner mehr genau zu wissen scheint, wie lang das Lokal bereits existiert. Der aktuelle Mietvertrag wurde 1982 unterschrieben, doch die »Ritze« selbst ist mindestens zehn Jahre älter. Ursprünglich sollte sie auch einen anderen Namen bekommen: »Zur Spalte«. Doch das war den Hamburger Behörden zu frivol. So exklusiv wie früher ist die »Ritze« indes nicht mehr: Im Boxkeller endet so manche geführte Kiez-Tour.

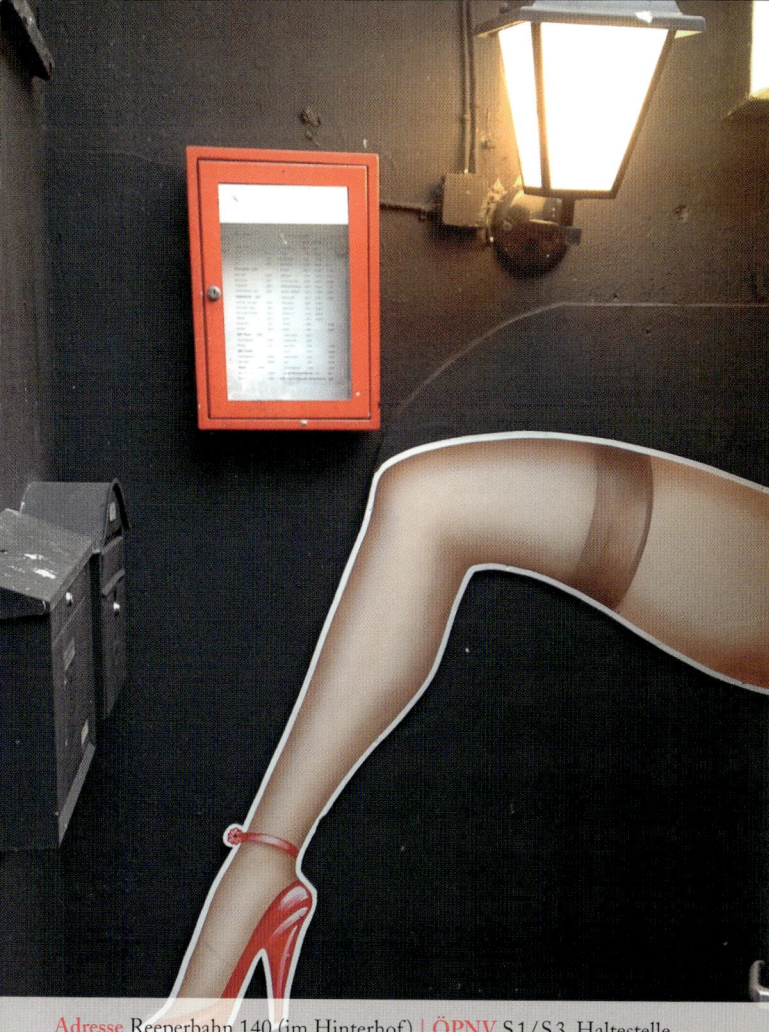

Adresse Reeperbahn 140 (im Hinterhof) | **ÖPNV** S1/S3, Haltestelle Reeperbahn | **Öffnungszeiten** Mo–Sa 14–? Uhr, So 18–? Uhr | **Tipp** Nebenan befand sich das »Eros-Center«, das berühmteste Hamburger Bordell, das Willi Bartels, der legendäre »König von St. Pauli«, 1967 eröffnete. Nach einer Großrazzia und Schüssen auf einen mutmaßlichen Zuhälter schloss es im April 2015 die Pforten.

ZUM SCHLUSS

55 ½ Der Udo-Lindenberg-Stern
Hut ab!

»Und dann die Jungs aus Buxtehude und aus Lüneburg / die machten Freitagnacht bis Sonntagmorgen durch« – aus der Feder Udo Lindenbergs stammen diese Zeilen aus dem Song »Reeperbahn«, der 1982 erschien. Allein dass er ein paar Jahre später mit »Reeperbahn '89« noch einmal den Kiez besang (ein neues Lied, das er 2011 noch einmal veröffentlichte), zeigt, wie wichtig Lindenberg der Kiez war und ist.

Andersherum ist er auch der Einzige, der einen eigenen »Walk of Fame«-Stern auf der Reeperbahn hat, vor dem »Café Keese«. Dabei ist er selbst ein Zugezogener: Der Westfale kam Ende der 60er Jahre nach Hamburg und lebte Anfang der 70er in einer WG zusammen mit Otto Waalkes und Marius Müller-Westernhagen – allerdings nicht auf St. Pauli, sondern im schickeren Stadtteil Winterhude. Der spätere Dauergast im noblen Hotel Atlantic hatte es wohl schon damals gerne etwas gediegener. Das tat seiner Faszination für die Reeperbahn jedoch keinen Abbruch – Vollblutmusiker, der er war.

Und so kommen wir hier tatsächlich noch einmal auf die Beatles zurück: Der oben zitierte Song ist nämlich die deutsche Fassung von »Penny Lane«. Und welche andere Straße in Deutschland wäre dafür legendär genug? Umso wehmütiger ist dann der Refrain: »Reeperbahn – wenn ich dich heute so anseh / Kulisse für 'nen Film, der nicht mehr läuft / ich sag dir, das tut weh«. Kaum zu glauben, dass diese Zeilen bereits vor 33 Jahren geschrieben wurden.

Adresse Reeperbahn 19 | **ÖPNV** U3, Haltestelle St. Pauli | **Tipp**
Das »Café Keese«, das sich hier früher befand, war von 1948 bis 1998
ein legendäres Tanzlokal. Heute zeugt nur noch ein großes Schild
vom früheren Glanz – und vom berüchtigten »Ball Paradox« für ältere
Semester, mit Damenwahl und Tischtelefon.

Anhang

Weitere Clubs
Tanzen von 8 bis 8

In Angie's Nightclub (Spielbudenplatz 27) kann man am Wochenende zu Livemusik tanzen und dazu aus 100 fachmännisch gemixten Cocktails wählen.

Auf mehreren Ebenen bringt die Betty Ford Klinik (Große Freiheit 6) House-Fans zum Tanzen. Für Studenten ist der Eintritt frei.

Das Dock's (Spielbudenplatz 19) ist der größte Live-Club an der Reeperbahn. Mittlere Rock- und Popgrößen treten hier auf, am Wochenende gibt es Disco.

Im Herzblut St. Pauli (Reeperbahn 50) verbindet man Essen, Trinken und (zu späterer Stunde) Tanzen, Letzteres zu Charts und Partyklassikern. Tipp: Wer vorher im Restaurant isst, spart den Eintritt.

Das Kir (Kleine Freiheit 42), eine absolute Hamburger Indie-Institution, zog erst vor Kurzem von Altona nach St. Pauli. Hier tanzt man immer noch gerne zu The Smiths und Anne Clark.

Der Tunnel (Beatles-Platz 1) ist der älteste und traditionsreichste Techno-Club der Hansestadt. Nur für Hartgesottene zu empfehlen.

Weitere Kneipen
Nicht lang schnacken …

Die fritz-bar (Hans-Albers-Platz 20) ist die offizielle Niederlassung der Hamburger Independent-Limonadenmarke fritz. Probieren Sie vor allem die mit den fritz-Produkten gemischten Cocktails!

Im Erdgeschoss des Schmidts Tivoli findet sich das Glanz und Gloria (Spielbudenplatz 28). Besonders am Donnerstag passt die Beschallung zum Ambiente: Dann trinkt man seine Cocktails zu den Klängen wechselnder Swing-DJs.

Lehmitz (Reeperbahn 19), das heißt: abgerocktes Ambiente, Astra trinken auf fest im Boden verschraubten Hockern und einem Konzert der Hausband lauschen. Einer der wenigen Orte auf dem Kiez mit eigenem Bildband.

Im Utspann (Talstraße 25) ist der Name Programm: Im hinteren Bereich gibt es ein gemütliches Sofa, auf dem man oft noch Platz findet, wenn sich nachts eine Straße weiter, auf dem Hamburger Berg, alles die Beine in den Bauch steht.

Seit den 50er Jahren gibt es die urige Kneipe Zum Silbersack (Silbersackstraße 9), und so sieht sie auch aus – was der Gemütlichkeit keinen Abbruch tut.

Weitere Restaurants
Abseits vom Labskaus

Im Abendmahl (Hein-Köllisch-Platz 6) ist die Auswahl nicht groß, aber dafür umso exquisiter. Besonders zu empfehlen: Lammfilet mit Rauke, der Klassiker des Hauses. Geöffnet: Mo–Sa 12–17 und ab 18 Uhr, So 12–16 und ab 17 Uhr. Die Küche schließt um 23.30 Uhr.

Alstertaler Kartoffelsuppe mit Rauchlachs und Gabelrollmops mit Wachteleiern: Gehobene norddeutsche Küche serviert das Freudenhaus (Hein-Hoyer-Straße 7–9). Und es gibt auch interessantes Vegetarisches für »Blumenversteher«. Geöffnet: Mo, Do–Sa 18–23 Uhr, Di, Mi, So 17–23 Uhr.

»Mexikanische Seemannsküche« ist das Motto der Kombüse (Bernhard-Nocht-Straße 51). Trotz der maritimen Deko serviert man hier aber nicht etwa Bratfisch, sondern sehr leckere Burritos und Enchiladas. Geöffnet: Mo–So 16–23 Uhr.

Das Rocco (Wohlwillstraße 29) ist eines der besten italienischen Restaurants der Stadt – und es ist nicht einmal teuer. Dafür aber umso voller, man sollte nicht allzu spät herkommen – oder reservieren. Der Hit ist die Nummer 17 auf der Karte: Pappardelle mit Cognacsoße und Entenbrust. Geöffnet: täglich 15–1 Uhr, Dienstag ist Ruhetag.

Weitere Geschäfte

Kunst und Kommerz

Die 2015 eröffnete Galerie Affenfaust (Paul-Roosen-Straße 43) zeigt Werke angesagter junger Künstlerinnen und Künstler in einer ehemaligen ALDI-Filiale.

Der Art Store St. Pauli (Wohlwillstraße 10) verkauft zeitgenössische Originale. Hier finden auch Kunstliebhaber mit nicht allzu großem Geldbeutel ein schönes Stück.

ZERSTOERT
1943 * 1958
AVFGEBAVT

Die Condomerie (Spielbudenplatz 18) ist Deutschlands ältestes Fachgeschäft für Präservative – in erster Linie kaufen die Kunden hier jedoch vor allem Scherzartikel mit Kondom-Bezug.

Bei CustomRingz (Seilerstraße 36a) gibt es Schmuck für Biker, Goths, Rockabilly-Fans und Gleichgesinnte. Wer gerne Totenköpfe und Thorhämmer am Arm, an der Hand oder um den Hals trägt, kommt hier voll auf seine Kosten.

Hip Cats (Paul-Roosen-Straße 16) ist eine echte Perle unter den Secondhandläden. Hier findet man statt abgelegter T-Shirts echte Vintage-Fashion-Schätze.

Seit mehr als 40 Jahren gibt es den Hundertmark Store (Nobistor 8), in dem Hamburger Biker und Großstadt-Cowboys ihre Lederjacken, Boots und Hemden kaufen.

»Die Straße trägt St. Pauli« – was wäre der Kiez ohne die charakteristischen braunen Textilien seines Fußballvereins? Im St. Pauli Fanshop (Reeperbahn 63–65) finden Fans alles, was das Herz begehrt.

Fakten rund um die Reeperbahn
Hin und weg und drumherum

Anreise per ÖPNV
Je nachdem, ob man die Reeperbahn von Osten oder von Westen aus hinunterschlendern möchte, fährt man am besten mit der S-Bahn (S1/S3 bis Reeperbahn) oder mit der U-Bahn (U3 bis St. Pauli). Man kann aber auch bis zur S-Bahn-Haltestelle Landungsbrücken fahren (S1/S3) – dann muss man zwar zur Reeperbahn hin einen Hügel erklimmen, aber bei schönem Wetter hat man dabei einen großartigen Blick über den Hafen.

Anreise per PKW
Parken ist naturgemäß ein großes Problem auf dem Kiez, da es (wie in jedem Stadtviertel mit historischer Bausubstanz) zu wenige Parkplätze gibt. Zwei gute Anlaufstellen für alle, die nicht auf ihr Auto verzichten wollen oder können, sind die Parkgarage unter dem Spielbudenplatz an der Davidwache und die Parkgarage unter den »Tanzenden Türmen« – beides kann man kaum verfehlen, auch wenn man sich nicht auskennt.

Glasflaschen
Seit 2009 ist es am Wochenende nach 22 Uhr verboten, aus den Clubs, Kneipen und sogar Kiosken an der Reeperbahn und in den Seitenstraßen Glasflaschen mit auf die Straße zu neh-

men. Wenn man eine solche Lokalität verlässt, wird einem der Flascheninhalt im besten Fall in einen Plastikbecher umgefüllt – das mag der Sicherheit dienen, ist aber leider wenig umweltfreundlich.

Kriminalität

Dass die Rotlichtviertel St. Pauli und St. Georg Hamburgs Kriminalstatistik anführen, dürfte niemanden verwundern, auch wenn es die »klassischen« Zuhälterbanden nicht mehr gibt. Das größte Problem rund um die Reeperbahn sind Drogenhandel und Raub – das allgemeine Waffenverbot (siehe unten) hat daran nichts geändert. 2005 gab es im Stadtteil noch 16.000 Delikte, im Jahr 2014 waren es schon knapp 24.000. Das größte Problem ist derzeit der Straßenraub und dabei wiederum besonders beliebt: Passanten, die Fotos machen, ihr Smartphone aus der Hand zu reißen.

Prostitution

Direkt auf der Reeperbahn dürfen Prostituierte ihre Dienste nicht anbieten, da sie als »Sperrgebiet« gilt. Die Straßenprostitution auf St. Pauli findet ausschließlich am Eingang zum Hans-Albers-Platz und auf dem Bürgersteig an der Westseite der Davidstraße statt, ab etwa 20 Uhr täglich. Rund 400 Frauen schaffen hier an, und jeder Mann ohne weibliche Begleitung, der nicht schnell genug vorbeigeht, wird angesprochen. Wer es ganz genau wissen will, kann eine spezielle »Hurentour« buchen, die den Teilnehmern die Hintergründe und die lange Geschichte der Prostitution auf St. Pauli näherbringt.

Reeperbahn Festival

Eine ganz besondere Möglichkeit, viele der hier beschriebenen Orte kennenzulernen, ist das »Reeperbahn Festival«, das seit 2006 immer Mitte September auf dem Kiez stattfindet. Das Konzept ist simpel: Man kauft sich ein Festivalticket und kann dann vier Tage lang (Do–Sa) circa 70 verschiedene Locations auf St. Pauli besuchen, wo in erster Linie internationale Bands auftreten, aber auch Kunstausstellungen, Filmvorführungen und Lesungen stattfinden. Ein absolutes Highlight im Hamburger Veranstaltungskalender, zumal viele Besucher in manche der teilnehmenden Läden wohl sonst eher selten einen Fuß setzen würde, zum Beispiel in die »Pearls Table Dance Bar«.

Waffen

Seit 2007 darf man auf der Reeperbahn keine Waffen mehr mit sich führen (das gilt für Schusswaffen und Messer, aber auch für CS-Gas). Hamburg war das erste Bundesland, das ein solches »Waffenverbotsgebiet« einführte. Echte Gangster werden sich von den markanten gelben Hinweisschildern natürlich kaum abschrecken lassen, aber immerhin ist die Anzahl der schweren Verletzungen bei Schlägereien inzwischen zurückgegangen.

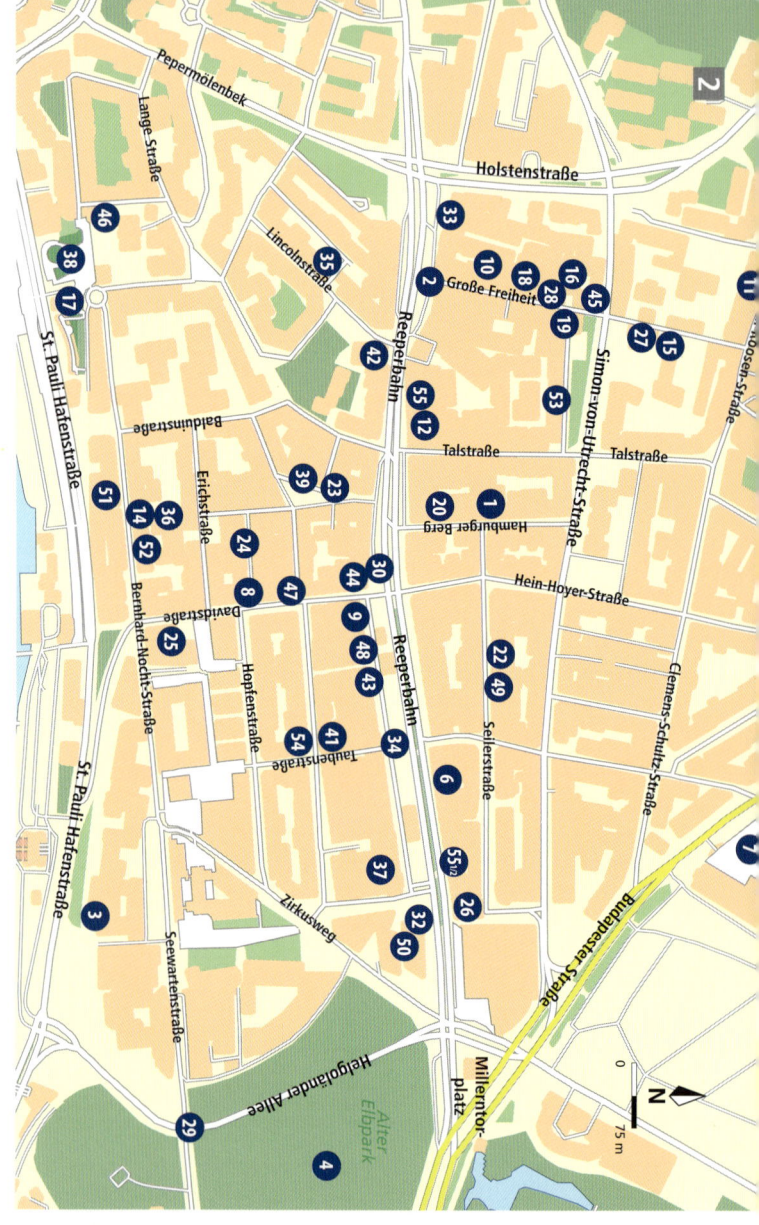

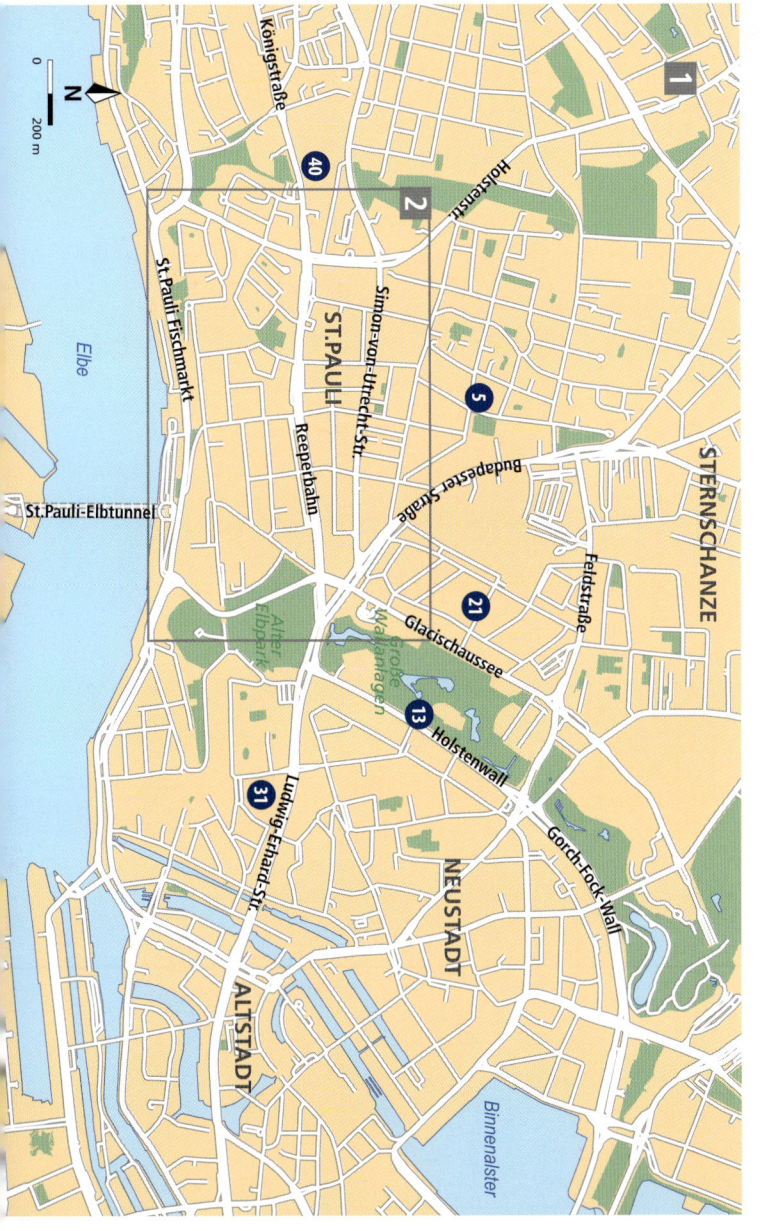

Rike Wolf
**111 Orte in Hamburg,
die man gesehen haben muss**
ISBN 978-3-89705-916-0

Rike Wolf
**111 Orte in Hamburg,
die uns Geschichte erzählen**
ISBN 978-3-95451-418-2

Fotonachweis

Alle Fotos der 55½ Orte und des Anhangs © Cornelius Hartz, außer Ort 5: © Carsten Pilch; Orte 4, 9, 14, 23, 24, 29, 31, 44, 48, 52, 54: © Catrin Prange; Ort 25: © Empire Riverside Hotel; Ort 41: © Ilona Henne

Der Autor

Cornelius Hartz, 1973 in Lübeck geboren, lebt seit der Schulzeit in Hamburg und hat auch einige Zeit auf St. Pauli gewohnt. Er arbeitet als freier Übersetzer, Lektor und Autor, ist nebenbei Betreuer des LiteraturLabors Wolfenbüttel und betreibt den Blog kapiteleins.de. Er hat zahlreiche Sachbücher und mehrere Romane veröffentlicht.